「ニ」族と「ヲ」族で、世界がわかる！

日本企業が
世界で逆襲するための
事業戦略

フィフティ・アワーズ代表取締役
水島温夫 *mizushima atsuo*

JN258799

言視舎

はじめに　いま始まろうとしている第三ラウンドの戦い

▼日本企業が自信喪失している

本書は日本企業が新たな成長路線を見出して、元気を取り戻すために、少しでもお役にたてればとの思いで書いた。

思えば、有史以来今の時代ほど日本企業が世界での存在感をもった時代はない。古くは大陸を、近代には欧米を学び、ユーラシア大陸の東の端っこにちょこんとあるこの小さな島国がついこの前までGDP2位の座にいた。1970年代、私がまだ工学部の学生で、1ドルが360円だった頃、一人シベリア経由でヨーロッパを訪れ、実習生としてノルウェーの造船所で働いた。実習が終わった後、西ヨーロッパのほとんどの国々を鉄道で、リュックサックを背負い、安いユースホステルに泊りながら旅をした。その時に感じたことは、工業において欧州各国はもはや日本の敵ではないということだった。しかし、私の考えは甘かった。今、日本を代表するメーカーでさえドイツやオランダの企業に負けている。なぜ大きな思い違いをしてしまったのだろうか。

昨今では家電分野や半導体分野において、日本よりも後発の新興工業国に覇権を譲っている。なぜこうなってしまったのだろうか。今、多くの日本企業は閉塞感の中で自信を失っている。

▼第二ラウンドまでは一勝一敗

戦後の高度成長期とバブル崩壊までの奇跡的な成長期を第一ラウンドとすると、その第一ラウンドでは日本企業は見事に世界の企業を相手に勝ったといえる。次の、バブル崩壊から現在までの第二ラウンドでは、今度は一転して、越えられない欧米企業の高い壁と新興国企業の強烈な追撃の挟み撃ちに遭って惨敗した。一勝一敗である。

これまで、日本企業は欧米企業のマネジメント手法を学び、これを導入して効率化やグローバル化を進めてきた。また、モノづくりや高品質のサービスでは世界一と自負していた。にもかかわらず、惨敗してしまった。これらをどう整理、理解したらよいのか。

この辺で一歩足を止めて、経営者自身が一度じっくりとこれまでの事業展開を振り返り、海外企業との位置関係を整理し、そして日本企業の事業展開の特徴をしっ**かり理解しなければならない。その理解をもとに、いま始まろうとしている次の第三ラウンドの戦い**では絶対に勝たなければならない。

「ニ」族と「ヲ」族という視点で整理すると日本企業の繁栄と停滞が理解できる

▼相手に合わせるDNA

世界の国々の企業を分類すると大きく2種類に分かれる。相手に自分を合わせる「ニ」族企業と相手を自分に合わせる「ヲ」族企業である。日本企業は「ニ」族企業である。タイやベトナムも同様である。欧米諸国、中国をはじめ、世界のほとんどの国の企業は「ヲ」族企業である。

「ヲ」族企業は常に自分達の基準や文化の枠組みを相手に押し付けようとする。相手に対して優位に立ち、自分達の枠組みに相手を組み込むことで楽をして儲けようとする。彼らにとっては自分達の枠組みが重要で、彼らの価値観や企業哲学に直結したアイデンティティとも言える。大切な自分達の枠組みの適用範囲を広げるためには覇権をとる必要がある。

図0.0「ニ」族企業と「ヲ」族企業の特徴

「ニ」族企業	「ヲ」族企業
＜相手**に**自分を合わせる＞	＜相手**を**自分に合わせる＞
擦り合わせ型マネジメント	組み合わせ型マネジメント
集団が経営の最小単位	個人が経営の最小単位
内部イノベーション重視	外部イノベーションの取り込み
共有化を重視／「動き」が先	標準化を重視／「形」が先
＜企業の存続が最大の目的＞	＜企業価値向上が最大の目的＞
生き物としての性格	人工物としての性格
変化への対応	コンセプトの追求
運命共同体体質	事業プロジェクト体質
苦労をいとわず顧客の満足	楽して儲ける仕組みづくり

であるから「ヲ」族企業はいつも好戦的で覇権争いに余念がない。いかに覇権をとって、自分達の枠組みに相手を組み込み、主導権をとるかばかり考えている。

通信業界の国際標準の争いや色々な国際ルールづくりも同じである。覇権をとるためには、戦略は何よりも重要であって、戦略志向が非常に強いのも特徴といえる。覇権を取らなければ相手に従属しなければならない。覇権を取った側は格段に豊かになり、従属する側は搾取されるのが当たり前という基本的な考えである。

今日、格差社会が大きな社会問題になっているが、そのような考え方をする「ヲ」族企業の国の貧富の格差が「ニ」族企業の国のそれよりも大きいのは当たり前かもしれない。

一方、「ニ」族企業は相手の枠組みに合わせることを常としている。従って、自らの明確な枠組みを持たないし、その主義主張に固執しない。だから、戦略志向が弱いし、戦略的手腕が磨かれることもない。「ヲ」族企業むけに書かれた経営戦略や事業戦略の翻訳本を読んで理解はするが、その通り戦略的に徹底して実施することはない。いつの間にか相手との協調路線を走っている。短期的には損をすることも多い。

「ニ」族企業は相手と対立するきちっとした枠組みを持たないので、どんな国の企業とも正面からぶつかることは少ない。実は「ニ」族企業にも枠組みのようなものはあるのだが、その枠組みは乾いていない粘土細工のように非常にフレキシブルで相手企業の枠組みにスーっと合わせることができる。

▼覇権争い

「ヲ」族企業同士では、かならず枠組みの主導権をめぐる覇権争いが始まる。「ヲ」族企業の事業展開の歴史は過去からの度重なる覇権争いの歴史でもある。まず、交渉力や自分達の息のかかった委員会などをつくり覇権をとる。つぎに、覇権を取った側の枠組みが支配的標準となり、自分達にとって有利な事業展開を進めるのである。近い将来を展望すれば、欧米の先進「ヲ」族企業と中国などの新興「ヲ」族企業との戦いがあり、さらにインドなどの新たな新興「ヲ」族を交えた三つ巴、四つ巴の熾烈な覇権争いが予想される。

相手に合わせること自体を目的としている「ニ」族企業にそのような覇権争いのマインドは稀薄だ。もともと独自の枠組みに関心はないので、どのような枠組みを持つ相手企業に対しても抵抗感なく、ひたすら相手の枠組みに合わせて顧客満足度を高めるべく、モノづくり、サービス提供をしてきた。

日本企業も先進「ヲ」族企業のマネジメント手法をモデルに、その導入を試みたが、多くは日本流に換骨脱胎された状態でその名前だけが残っている。強烈な「ニ」族企業のＤＮＡが「ヲ」族企業になることを拒否し続けているのである。

このような独特の「ニ」族企業のＤＮＡをもつ日本企業が、今後の第三ラウンドにおいて、いかにしてグローバル競争の中で勝ち残っていくのかが本書のテーマである。

▼「ニ」族企業としてのネクスト・ステージ戦略

既存事業をグローバル化の流れの中で世界の企業と競争あるいは協調し、日本発グローバル事業に作り変えて生き残らなければならない。

また、次の柱となる新規事業開発も日本発グローバル事業であることが必要である。

そのためには、「ニ」族企業の強さを残しつつ、もちろん多くの部分で「ヲ」族企業のマネジメント方式を取り込むことは必要だが、それを含めた「ニ」族企業独自の事業戦略論が必要とされる。

本書では、「ニ」族企業が**グローバルで戦うための事業戦略を10の戦略フレームを使って**わかりやすく説明した。

ネクスト・ステージである第三ラウンドに向けて経営者の皆様の頭の整理に少しでもお役に立てれば幸いである。

2016年6月3日

水島温夫

目次

I　「ニ」族企業の繁栄と停滞

1 なぜ、奇跡的な成長を遂げたのか？

1 「繁殖領域」の戦略フレーム

▼「ニ」族企業は特定の繁殖領域で事業を増殖した

なぜ、「ニ」族企業の集まりである日本が一時GDPで世界2位まで登り詰めるという奇跡を起こしたのか？　歴史的に見て、これほど日本が世界における存在感を示せた時代はない。

たしかに、日本は一時GDPで世界2位までになったが、注意深く観察すると、全ての産業領域や事業領域で強かったわけではなかった。日本企業はある特定の領域で非常に強く、それがGDPをけん引した。つまり、多くの「ニ」族企業の繁殖領域ともいえる特異な領域があって、そこで世界に圧倒的な存在感を示したのである。その領域と強さとは何だったのか。その強さの源泉を確認することで、ネクスト・ステージに向けての事業展開のヒントが見えてくるはずである。

▼世界の企業が競い合う4つの繁殖ゾーンがある

縦軸に製品の量産の程度、横軸に製品の複合度または構成要素の数をとって、世界の企業の事業分野をプロットすると、大きく4つの繁殖ゾーンに分かれる。（図1．1）

第Ⅰのゾーンは大きなシステムづくりがポイントで、そのシステムが稼ぐゾーンである。航空宇宙、大型プラント、大規模ITシステムなど大型のシステムづくりの能力で勝負が決まる事業群でもある。

大規模なシステムがキーとなる事業は「ヲ」族企業の集まりである米国がやたら強い。IT系ではグーグルやアマゾン、金融業界ではマスターカードやVISAカードなどである。また、インフラやプラントの大型エンジニアリング分野ではベクテル社などいくらでも挙げることができる。

「ニ」族企業も大型のシステム事業を海外へ展開すべく長年にわたり努力しているものの、なかなか簡単ではないようである。トライしては赤字を繰り返している。残念ながら「ニ」族企業のこのゾーンにおける世界での存在感はほとんどないのが現実である。

第Ⅱのゾーンはブランドが稼ぐゾーンである。ヴィトン、アルマーニなど高級ブランドは欧州の「ニ」族企業の強さがやたらと目立つ。超高級マンションのシステムキッチンもドイツなどが圧倒的強さを誇っている。15世紀のルネッサンス以来蓄積された生活の豊かさが事業の基盤にあり、それらを一つのコンセプト、ブランド・アイデンティティにまとめてビジネス展開することでしっかり儲けている。過去の蓄積が稼いでくれるゾーンでもある。

このゾーンにおいても残念ながら「ニ」族企業の世界における存在感はほとんどない。欧州の国々とは豊かさの歴史に大きな差があるわけで、日本もバブル期に豊かになったと錯覚したが、その豊かさが長く続くことはなかったのである。

第Ⅲのゾーンは規模が稼ぐゾーンである。家電製品、パソコン、携帯電話、汎用メモリー、量産型化学品など、大規模な生産設備や販売拠点への投資で勝負が決まる事業群である。日本が新興国であった高度成長期にはこのゾーンで世界を席巻し、大変元気だったのだが、現在では新たな新興工業国にその地位を譲り渡している。日本に替わって、韓国、台湾、中国の「ヲ」族企業が互いに激しい覇権争いを

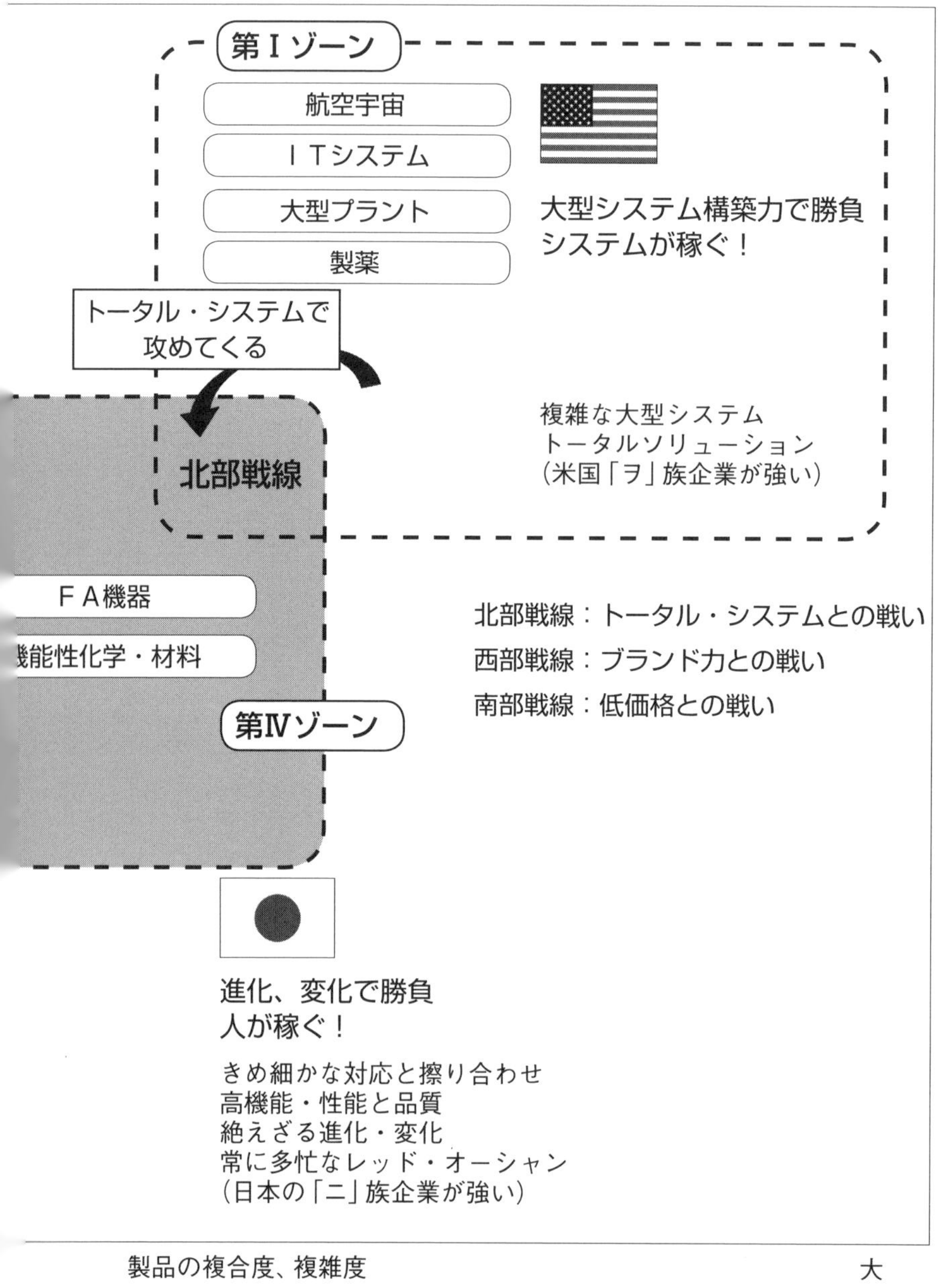
第Ⅰゾーン
航空宇宙
ＩＴシステム
大型プラント
製薬
大型システム構築力で勝負
システムが稼ぐ！
トータル・システムで
攻めてくる
複雑な大型システム
トータルソリューション
（米国「ヲ」族企業が強い）
北部戦線
ＦＡ機器
機能性化学・材料
第Ⅳゾーン
北部戦線：トータル・システムとの戦い
西部戦線：ブランド力との戦い
南部戦線：低価格との戦い
進化、変化で勝負
人が稼ぐ！
きめ細かな対応と擦り合わせ
高機能・性能と品質
絶えざる進化・変化
常に多忙なレッド・オーシャン
（日本の「ニ」族企業が強い）
製品の複合度、複雑度
大

図1.1 「繁殖領域」の戦略フレーム

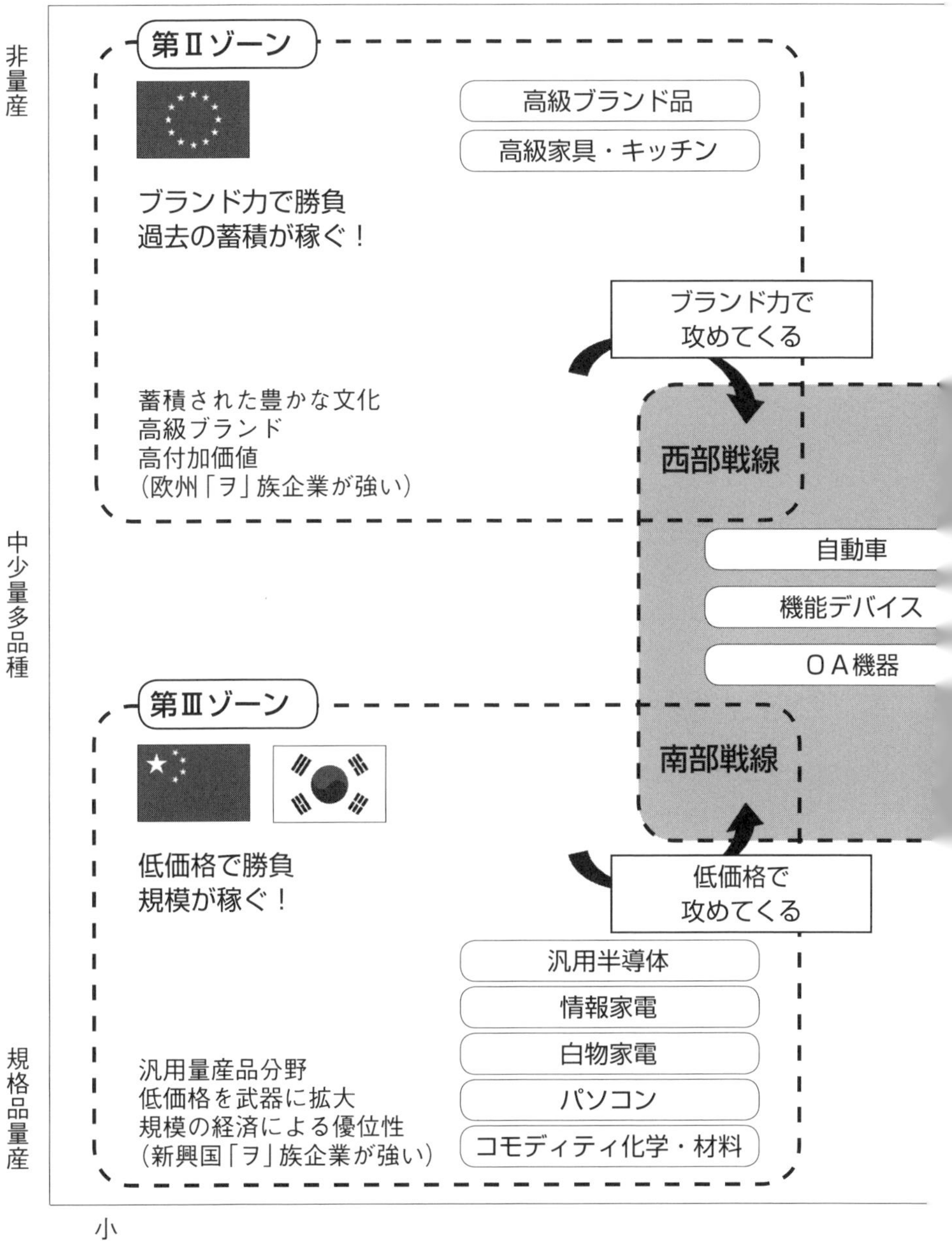

している。日本企業は残念ながら、その覇権争いから一歩退いた状況にある。この第Ⅲゾーンはもともと新興国が強いゾーンでもある。

第Ⅳのゾーンは人が稼ぐゾーンである。産業機械、ＯＡ機器、スペシャリティ・ケミカル、自動車、高機能デバイスなどきめ細かな少量多品種生産と、常に改良改善による機能・性能アップがポイントとなる事業群である。

ここでは「ニ」族企業の強さがやたらと目立つ。例えば、エレクトロニクス向けのスペシャリティ・ケミカルの分野では何と世界の70％のシェアを日本企業が握っている。第Ⅲゾーンの規模で覇権争いをしている海外企業群にとって、なくてはならない機能素材、キー・コンポーネントや高性能機器を提供している。

▼「ニ」族企業の繁殖領域は第Ⅳゾーン

しかし、この第Ⅳゾーンの特徴として、きめ細かな対応と絶えざる進化が要求されることから、営業、開発、生産の現場の従業員の絶えざる知恵と汗で事業が成り立っていることも事実である。人が稼ぐゾーンという意味はそういうことなのである。また、楽に稼げるブルー・オーシャンではなく、従業員の汗と涙の結晶、消耗戦ぎりぎりという意味で**レッド・オーシャン**と言える。

「ニ」族企業の集まりである**日本が世界で存在感を示せているのは、実は第Ⅳゾーンだけ**で、他の三つのゾーンではほとんど存在感がない。この現実を謙虚に認識することが、ネクスト・ステージの事業戦略づくりにとって非常に重要である。

「ニ」族企業は第Ⅳゾーンの中核であるものづくりの技術やノウハウは確かに優れているものの、第Ⅰゾーンの大型システムを発想し構築する力、第Ⅱゾーンのブランド構築ノウハウ、第Ⅲゾーンのハイリスクな大規模投資のマネジメントに優れているわけではない。過去、これらのゾーンに世界を相手に攻め込もうとしてきたのだが、うまくいったことはない。

2 進化・変化のスピードでの勝負に勝利した

▼進化・変化が「ニ」族企業の生命線だった

この第Ⅳゾーンは人が稼ぐゾーンと説明したが、その理由は社員が知恵を出して、**絶えざる進化・変化のスピードで生き残っていくしかない事業領域**だからである。第Ⅰゾーンでは、はじめに非常に頭の良い一部の人が大きく精緻なシステムを構築する。そのシステム自体が競争優位性を持っているので、そのシステムの上に乗って働く人々は楽である。朝9時に出社して夕方5時に退社できる。それでもしっかりと収益を上げることができる。第Ⅱゾーンの高級ブランドのビジネスも同様である。過去の遺産が稼いでくれるわけで、イタリア企業のように従業員は短時間労働で生活をエンジョイできる。第Ⅲゾーンは大規模・低価格の競争は大変だが、それは投資家、経営者の問題で社員には関係ない。ブラック企業でなければ、残業なしの生活ができる。そういう意味で第Ⅰゾーンから第Ⅲゾーンまではブルー・オーシャンなのである。

▼レッド・オーシャンで元気だった

問題は「ニ」族企業が絶対多数を占める第Ⅳゾーンである。システムが稼ぐことも、過去の遺産が稼ぐでもなく、規模でも稼げない。ひたすら社員の努力による製品やサービスの進化・変化で稼がなければならない。ひとたび進化・変化が止まれば第Ⅰゾーンの「ヲ」族企業によってシステム的に包囲されたり、第Ⅲゾーンの「ヲ」族企業が得意な大型投資によって一気に飲み込まれてしまう。「ヲ」族企業以上のスピードで進化・変化することこそ「ニ」族企業の生き残りのための生命線と肝に銘じなければならない。

「ニ」族企業を支えてきたのが進化・変化のスピー

ドだが、それを端的に示しているのが製造や営業、そして開発におけるフィードバックのスピードである。「ニ」族企業のフィードバックのスピードは世界一といわれていた。とりあえず作って、それを顧客やサプライヤーとの間で徹底的な擦り合わせを行なう。そのスピードが半端なものではなかった。社員が長時間残業して創意工夫を重ね続けた結果であった。第Ⅳゾーンの「ニ」族企業で働く社員は非常に多忙ではあったが元気であった。

3 「ヲ」族企業との境界領域で激しさを増す戦い

▼北部戦線：トータル・システム・ソリューションとの戦い

「ニ」族企業の主戦場であった第Ⅳゾーンは他の三つのゾーンに囲まれている。それぞれの境界領域では自分達の得意な領域を広げようとして企業同士の熾烈な攻防がくりひろげられてきた。第Ⅰゾーンとの境界を**北部戦線**、第Ⅱゾーンとの境界を**西部戦線**、そして第Ⅲゾーンとの境界を**南部戦線**と呼ぶことにする。

北部戦線は第Ⅰゾーンのシステム構築力にすぐれた欧米「ヲ」族企業との戦いである。「ニ」族企業は単品の部品や、単一の装置の事業分野ではその機能と性能で世界をリードしてきた。しかし、北部戦線では常に「ヲ」族企業から彼らの得意とするトータル・システム・ソリューションによる攻撃にさらされてきた。

単一装置ではリードしているものの、全体をシステムとして一括して提供する能力は欧米「ヲ」族企業のほうが優れている。例えば半導体製造装置の場合、「ニ」族企業は装置単体ベースでは強いのだが、装置を組み合わせたシステム全体の提供においては欧州「ヲ」族企業に後れをとっている。一般的に言って、成長著しい新興国の市場では生産の経験がまだ浅く、技術者も十分育っているとは言えな

ブランド
システム
規模

い。その彼らにとって、製造工程の全体を面倒みてくれるトータル・システム・ソリューションは非常に魅力的である。「ニ」族企業で機械や装置単体で勝負している企業は、ほとんど例外なく、常にトータル・システム・ソリューションを提供する欧米「ヲ」族企業からの挑戦を受けてきた。ひとたび個々の装置、機械の機能や性能面における進化が鈍化すると、待ってましたとばかりに、そのビジネスの主導権は第Ⅰゾーンの欧米「ヲ」族企業に移ってしまう危険にさらされているのである。

しかし、第Ⅰゾーンとの戦線では防戦ばかりではなかった。「ニ」族企業の得意なパターンは、「ヲ」族企業がいくつかの機器を組み合わせてシステム事業として扱ってきた装置や設備をギュッとコンパクトに詰め込んでパック化して**ユニット製品にしてしまうやり方**である。ユニットになれば単一の装置と同じであるから「ニ」族企業のトコトン改良、改善していく技術者力によって勝てる。コンパクトなパッケージエアコンなどはその良い例であった。第Ⅰゾーンのビジネスを逆に第Ⅳゾーンに引きずり込んだかたちである。

また、オリンパス社の医療機器システムのように、大規模なトータル・システムではなく部分のシステムで成功してきた。差別化されたキーハードを中核に据え、自律した部分システム（メゾ・システムと本書では呼ぶ）では世界に大きな存在感を示してきた。「ニ」族企業は大型システムではなく、**メゾ・システムで善戦**してきたのである。

▼西部戦線：高級ブランドとの戦い

高級ブランドは過去の豊かさの蓄積が勝負を決めるビジネスである。残念ながら日本は欧州と比べて豊かな時代の歴史が浅いので勝負にならない。今後も欧州企業は高級ブランドとして世界中で有利な展開をするであろう。「ニ」族である日本企業は高級ブランドでは勝てなかったが、**独自の価値観にもとづくアプローチ**で頑張っている。今治の環境に優しいタオル事業、ＴＯＴＯの清潔なトイレ事業、行き届いた旅館ビジネス、モバイルゲームなど、日本の長い歴史に裏付けられた自然を大切にする文化、清潔、きめ細かなサービス、日本独自の漫画文化などは世界にブランドとして定着させることに成功したのである。

▼南部戦線：規模との戦い

大量生産、低価格勝負の第Ⅲゾーンのビジネスは、新興国市場の拡大とともに、その成長には凄まじいものがあった。中国などの新興「ヲ」族企業は大規模な設備投資による低価格攻勢をかけて存在感を示した。「ニ」族企業も海外に生産拠点をつくり対抗するものの、厳しい価格競争に押されてしまった。残念ながらアジアの新興「ヲ」族企業に組み込まれてしまった大手電気メーカーもある。「ニ」族企業は価格競争で勝負せずに**高品質で勝負**してきた。価格差が大きければ負けてしまうが、ある程度の低価格帯にまで下げれば品質を重視する顧客を相手にある程度のシェアを確保することができた。

価格競争に敢えて挑んだ企業もある。ダイキン工業のエアコン事業やホンダ、ヤマハの二輪事業がそれだ。新興「ヲ」族メーカーと連携して低価格ゾーンから逃げない戦略で勝ち残っている。**新興「ニ」族企業をうまく活用した事業戦略**を展開し、成功したのである。詳しくは、第2章で説明する。

▼ゾーン横断型で被せられたウォークマン

アップル社のｉ－Ｐｈｏｎｅの前身であるｉ－Ｐｏｄはそれまでのボタン式ではなくホイールパッドの新技術を使った一見機能性能を特徴とする第Ⅳゾーンの差別化された単品製品であるように見えるが実は全く違う。ウォークマンのような単品製品ではなく、第Ⅰゾーンのシステム製品なのである。パソコンやインターネットと連動させ、また音楽の著作権対応をクリヤーし、ダウンロードの課金システムも組み込んだ巨大なシステム製品といえる。さらに、第Ⅱゾーンのブランド製品でもある。アップルのマークやデザインへのこだわりはパソコン時代からのアップルのブランド・イメージを踏襲するものである。熱狂的なアップルファンが存在していて、アップル・ワールドを形づくっている。

第Ⅲゾーンの特徴である規模で儲ける規格量産品でもある。グローバルレベルの大規模生産でコストを抑え、世界中の部品メーカーから調達する力を持っている。つまり、i-Podは4つのビジネスゾーンすべてを横断的に総なめにしたお化けみたいな商品なのである。

システム音痴、ブランド音痴、規模ビジネス音痴の「ニ」族企業がi-Podのような大型新製品を狙うのであれば、第Ⅰ〜第Ⅲゾーンの「ヲ」族企業と連携する以外にない。しかし、そこには事業カルチャーの大きな壁がある。事業カルチャーについては、Ⅱの「グローバル展開のリセット」で詳しく説明する。

まとめ：

1. 「ニ」族である日本企業は戦後の高度成長期に第Ⅲゾーンと第Ⅳゾーンで、奇跡ともいえるGDP世界二位まで成長した。
2. しかし、新興「ヲ」族企業の台頭とともに、第Ⅲゾーンでの存在感はなくなったが、引き続き第Ⅳゾーンでの存在感は世界で大きい。
3. 第Ⅳゾーンの特徴である進化・変化のスピードで「ニ」族企業は世界を圧倒してきた。
4. その進化・変化のスピードを支えたのは、目の前の顧客に一生懸命対応する社員の存在と、彼らの涙と汗の結晶としての絶えざる創意工夫であった。
5. また、周辺の「ヲ」族企業との境界領域での熾烈な攻防戦があった。第Ⅰゾーンとの境界ではトータル・システムで攻められる一方、日本企業はメゾ・システムで攻めていった。
6. 第Ⅱゾーンとの攻防では、高級ブランドでは全く戦いにならなかったが、日本独自の価値観の「こだわり」を冠したブランドを発信してきた。
7. 第Ⅲゾーンでの戦いでは、アジアの新興「ヲ」

族企業の規模を武器とした低価格競争で多くの「ニ」族企業は負けたが、一部の「ニ」族企業では、力のある新興国メーカーと連携してこの第Ⅲゾーンでのグローバルでの存在感をさらに増した。

ネクスト・ステージに向けてのセルフ・チェック

□1. 第Ⅰゾーンの欧米「ヲ」族企業からトータル・システムで被せられないか？

□2. 第Ⅲゾーンの新興「ヲ」族企業からの低価格攻勢に対応できるか？

□3. 「ヲ」族企業のマネジメント方式に傾斜するあまり、「ニ」族企業の生命線である進化・変化のスピード、社員力が鈍っていないか？

□4. 「ニ」族企業が不得手な第Ⅰ～第Ⅲゾーンに安易に進出しようとしていないか？

▼可能性

□1. 「ヲ」族の得意な第Ⅰ～第Ⅲゾーンとの境界領域をメゾ・システム、日本的「こだわり」、安心・安全品質などで徹底的に攻めて、第Ⅳゾーンの事業領域をさらに拡大することができないだろうか？

□2. 第Ⅳゾーンでの優位性を武器にして、「ヲ」族企業と連携または活用して、第Ⅰ～第Ⅲゾーンに事業領域を徐々に拡大することができないだろうか？

□3. 日本的「こだわり」を武器に、劣勢だった第Ⅱゾーンにおける存在感を増すことができないだろうか？

□4. 第Ⅳゾーンをさらに深掘り、進化させることで失いかけているグローバルでの「ニ」族企業としての存在感をさらに大きく高めることができないだろうか？

2 なぜ、選ばれてきたのか？

1 「顧客からみた価値」の戦略フレーム

▼事業展開には3枚の切り札がある

「ニ」族企業は繁殖領域の第Ⅳゾーンで大きく拡大してきた。なぜ、そこで事業を拡大できたのかを整理して押さえることでネクスト・ステージの戦略づくりの糸口を掴むことができる。そのためには、**事業の原点である「顧客から見た価値」**に立ち返らなければならない。

米国の経営学者エイベルの著書『事業の定義』によれば、事業は、

①**C：顧客**（Customer）
②**T：技術・ノウハウ**（Technology）
③**F：機能**（Function）

で定義できる。Fの機能とは「顧客からみた価値」であり、これは、顧客はなぜ他社ではなく当社の製品・サービスを買ってくれるのか、当社の製品・サービスの何に魅力を感じているのかということである。経営書には多くの事業の定義が書かれているが、このエイベルの定義が最も単純で分かりやすいので、これをスタートポイントとして、事業戦略を構築することとする。

多くの企業では、Cの顧客は意識されており、顧客満足度、顧客ニーズの発掘などという言葉の浸透により、そのニーズ志向の徹底ぶりを伺い知ること

ができる。また、コアテクノロジーの重要性も指摘されており、自社の技術ノウハウ（T）を磨くことにも手を抜くことはない。そして、シーズアウトの展開ではなく、顧客ニーズとドッキングさせることが重要だと教えられ、それを一生懸命実施してきた。しかしこれだけでは勝てなくなってきた。競争の激しい現代にあっては、狙った土俵でNo．1か、少なくともNo．2にならなくては生き残れないと言われている。そのためには、シーズとニーズをドッキングさせることはどの企業もやる当たり前のことで、これからの勝敗は自社の製品・サービスが顧客に選ばれることが全てに優先する。つまり、「顧客はなぜ他社ではなく当社の製品・サービスを買うのか」というF一点に絞られることになったのである。

経営者は事業展開において3枚のカードを持っていると考えると分かりやすい。C、F、Tの3枚である。顧客志向の強い経営者は一番上にCカードをもってきて戦略を考えてきた。技術志向の強い経営者はTカードを一番上にもってきた。それぞれがシーズとニーズのドッキングを考えて戦略を展開してきた。しかし、それではネクスト・ステージの厳しいグローバルの戦いには勝てない。**これからは、Fカードを一番上に持ってきて戦略を考える時代と**いうわけである。

▼戦略ビジネス・プラットフォーム：6つの勝ちパターン

そこでそのF（顧客から見た価値）について、技術・ノウハウ（T）を縦軸に、顧客（C）を横軸にとって事業を整理すると、6つの勝ちパターンに分類することができる。技術ノウハウの軸は提供する製品が「他社並」、「ひと味違う」、「ひと桁違う」、の3段階に分ける。また顧客軸は「不特定多数」相手か、個別の顧客つまり「個客」か、それとも「価値観共有」のお客かで、やはり3つに分ける（**図2．1**）。最初の2つの「不特定多数（手離れよく売る）」と「個客（個別のお客に密着型で売る）」はニーズ対応志向のビジネスである。前者は不特定多数相手の最大公約数のニーズ、後者は個別の顧客が持つ個別のニーズに対応する。これとは対照的に、最後の「価値観共有」はニーズ対応ではなく、企業側の発信する個性、こだわりに顧客が反応して買ってもらうビジネスである。ニーズに対応せず企業側がこだわりや特定の価値で自らを縛る、あるいは規定するという意味でイナクトメント型といわれる。

世界中の企業で**順調に儲かっている企業**はこの戦略ビジネス・プラットフォーム上の**6種類の勝ちパターンのいずれかにしっかりと軸足を置いているの**である。

▼「世界初型」

ひと桁違う技術・ノウハウを持って、不特定多数または個客に対して、**今までにない製品・サービス**を提供しつづける事業である。「ニ」族企業では大塚製薬や浜松ホトニクスのようなごく限られた企業しか見当たらない。「世界初、市場初」の商品・サービスを常に狙い、「ひと桁違う技術」を使ってこれまでにない製品を開発し、じっくり時間をかけて市場を創造していく。5年10年の長期的スパンで時間をかけて市場に浸透させた自社製品やサービスは、やがてそれが普通名詞化することも多くある。

▼「匠型」

特定の製品・サービス分野において、不特定多数の顧客に対し、**他社とはひと味違う製品・サービスで勝負する**事業である。ある特定市場において、さらにそのグローバルな市場においても業界標準を取ってトップの座につくパターンであり、このゾーンには「ニ」族企業が多い。代表的企業としては、精密小型モーターや電子デバイスの分野でグローバルにトップシェアをとっている日本電産、機能性素材の東レ、半導体の切断機器のディスコ社などいくらでも挙げることができる。「ヲ」族企業では米国スリーエム社などが優等生である。これらの企業はグローバルのデファクト・スタンダード製品（実質上の標準規格製品）を擁する企業であり、グローバル市場でトップシェアを獲得している。

▼「ソリューション型」

個別の顧客（個客）にひと味違う問題解決を製品、サービスあるいはシステムのかたちで提供するのがその基本で、**顧客以上に顧客を熟知している**ことが求められる事業である。このパターンの好例としてはIBMのビジネス・ソリューション事業が挙げられる。パソコン事業を売却し、儲けの源泉をビジネス・ソリューション一本に絞っている。

ソリューション事業には3つの定石がある。①業界別に特化し、しっかり顧客業界に入り込み、「顧客業界を顧客以上に熟知」すること、②「イージーオーダー」型に徹し、効率よく共通モジュールを組み合わせること、③同じソリューションのリピートオーダーを重ねることである。

このゾーンには欧米「ヲ」族企業が多いが、「ニ」族企業の好例としてはキーエンスが挙げられる。キーエンスはセンサーとその応用技術を核に、顧客の目的にあったセンサーシステムを問題解決（ソリューション）して提供している。顧客は、自社の抱える悩みを解決してくれるという付加価値により、他社ではなくキーエンスから製品やシステムを買うわけである。

▼「汎用品型」

不特定多数の顧客を対照に、**中身が差別化されていない製品・サービスを提供**する事業である。参入企業も多く、厳しい価格競争に迫られることもある。**「安さ」**、**「利便」**、**「安心」**のいずれかに突出した顧客価値を提供する企業のみが生き残れる厳しい領域でもある。デルコンピュータやユニクロは「安さ」で勝負してきた。文具メーカーのプラスは通販と宅配を組み合わせたアスクル事業をたちあげた。明日来ますという意味のアスクルは、当初30人以下の中小企業にターゲットを絞り、基盤を固めた後大企業に食い込み、コクヨの牙城を崩した。アスクルの顧客価値は徹底した「利便性」（明日来る）を実現し

戦略ビジネス・プラットフォーム
(SBP: Strategic Business Platform)
顧客に選ばれるための６つの勝ちパターン

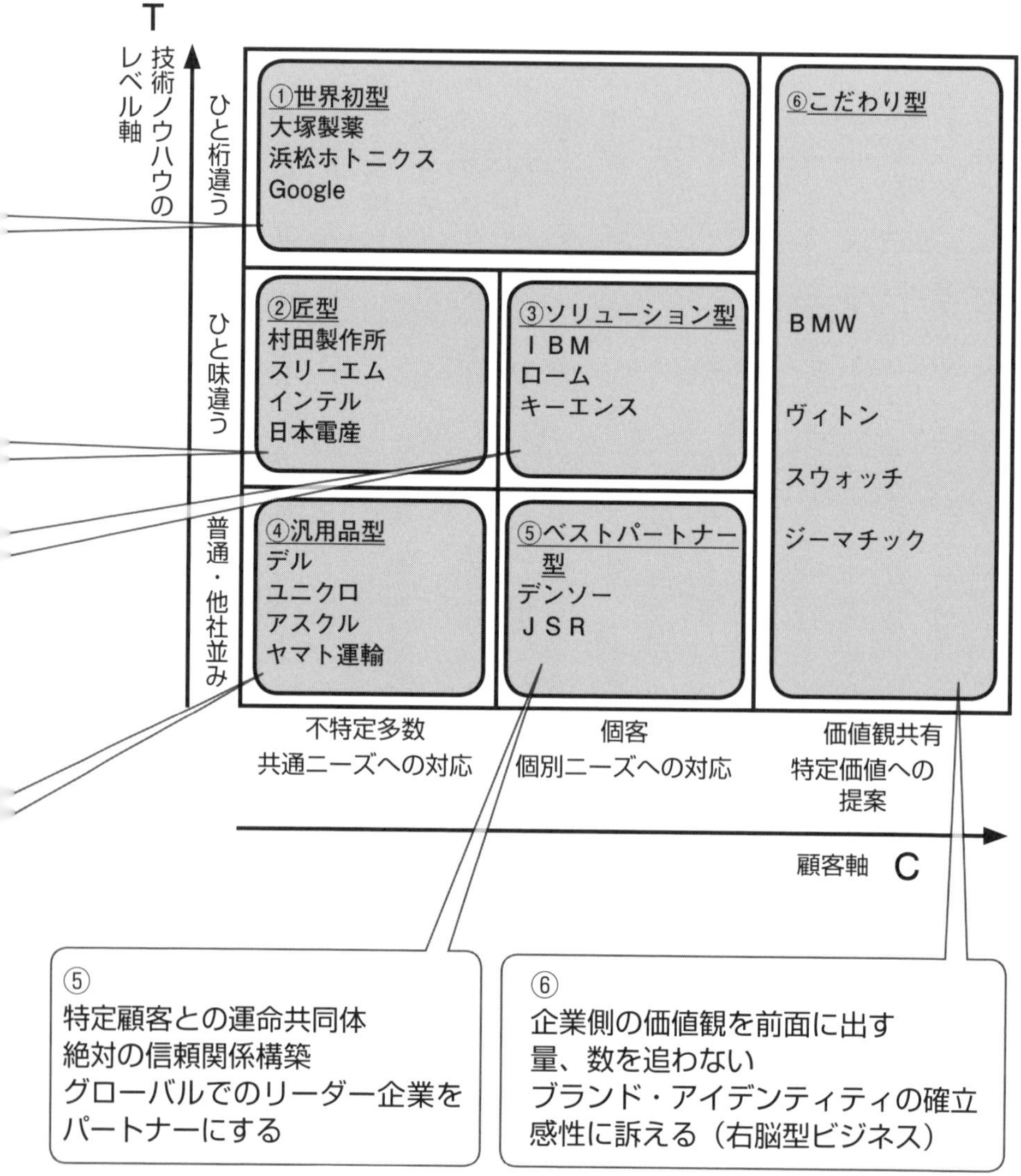

図2.1 「顧客から見た価値」の戦略フレーム

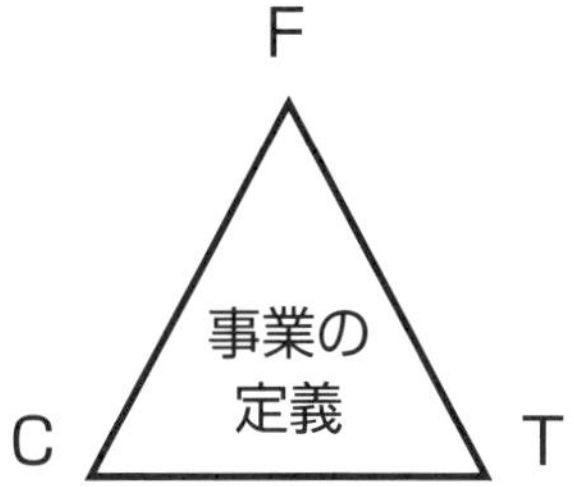

エーベル（米国の経営学者）による
事業の定義
C：Customer　（顧客）
T：Technology（技術ノウハウ）
F：Function　（機能、顧客から見た価値）

◇高収益事業はＦが明確
◇Ｆ（機能）は、「なぜ、顧客は他社でなく当社から買うのか？」の答えであり、勝ち残るための条件
◇大きく６つの勝ちパターンに分類される
◇高収益企業は勝ちパターンの選択と集中を行なっている

①
常に世界初狙い
ダントツの技術力
オンリーワン型製品
じっくり市場創造

②
差別化された製品・サービス
機能・性能の中身で勝負
業界標準をとる
ニッチトップ型

③
顧客業界を熟知
ソリューション提案
イージーオーダー対応
リピートによる収益確保

④
安い、便利、安心のいずれかで勝負
差別化されていない製品・サービスから利益を汲み上げるビジネスモデルが必要

たビジネスモデルであった。

ＩＢＭは既にパソコン事業を中国企業のレノボ社に売却したが、ＩＢＭの当時のパソコンは「安心」を突出させていた。壊れない、フリーズしないなど、安定した操作を求めるビジネスユーザーに堅い人気を有していた。今後中国のレノボ社のもとで従来のような「安心」にこだわるのか、あるいは以前のデルのように「安さ」を武器にするのかは注目すべきポイントである。

この「汎用品型」では「安い」か、「便利」か、「安心」かのどれかに突出していなければ決して生き残れることはない。中途半端な他社並の安さ・利便性・安心であればたちどころに吸収合併の波に飲み込まれるだけである。中身が差別化されていない製品・サービスから利益を汲み上げる仕組みをつくり上げた企業だけしか生き残れないのである。あとはそれらの企業に吸収されるか、そうでなければ消えるという運命しか残されていない非常に厳しいゾーンである。

▼「ベストパートナー型」

製品・サービスの技術レベルは他社並みであるが、**ある特定の個客に密着して優先順位Ｎｏ．１の対応、**あるいは**運命共同体**として短期的な利害を超えた関係で対応するビジネスの形態である。日本経済が拡大期にあった頃は非常に多くの企業がこの勝ちパターンで成長した。しかし、今日では、その密着先の企業が厳しいグローバル競争にさらされているため、従来のようなただ系列企業ですよ、とかグループ企業ですよ、ということだけではとても生き残れなくなっている。そのため、このパターンで成長してきた企業は差別化された商品の開発や、ソリューション力をつけるなど、他の勝ちパターンの要素を組み込むことに懸命になっている。

▼「こだわり型」

企業の価値観やこだわりを前面に出した製品・サービスを、それに**共鳴する顧客に限って提供する**

ビジネスである。ハイタッチな感覚、音といった感性に訴えるものが決め手となるビジネスでもある。高級乗用車、高級ブランド品など、欧州「ヲ」族企業の独壇場と言っても間違いではない。日本企業はこのパターンはあまり得意ではなかったが、昨今、ベンチャーをおこす企業の傾向もハイタッチ系、デザイン性の企業が増えていることをみれば、日本にも確実に変化が起こっている。

他の5つのパターンは顧客側の合理的な判断をよりどころとする「左脳型」ビジネスであるのに対して、この「こだわり型」のみ、感性や感情、好き嫌いに訴える「右脳型」ビジネスである。「左脳型」ビジネスでは顧客であるAさんとBさんが協議してどこから買うかを客観的な事実に基づいて、ロジカルに決定する。これに対し「右脳型」ビジネスではAさんとBさんが感性、つまり好き嫌いで判断するため意見は一致しないことが多くなる。Aさんはヴィトンがいいと言い、Bさんはグッチがいいと言うわけで、客観的に決まることはない。

▼優良企業は勝ちパターンの選択と集中をしている

事業の選択と集中というと、一般的には強く黒字の事業を残して、弱く赤字の事業を切り捨てることであるが、優良企業を見ると、事業の選択と集中ではなく**勝ちパターンの選択と集中**をしている。

スリーエム社は「匠型」に集中して、そこで5万種類以上のニッチトップ製品を生産している。IBMは「ソリューション型」に徹して、多様なシステム・ソリューション事業を世界に展開している。

決して自社の勝ちパターンから外れることはせず、仮に製品のライフサイクルなどで製品やサービスが自社の勝ちパターンから外れた場合は、その事業を切り離して勝ちパターンの拡散を防いでいるのである。

これとは反対に、多くの「ニ」族企業では一つの事業部のビジネスを顧客から見た価値でプロットすると、複数の勝ちパターンにまたがっていることが多い。「匠型」、「ソリューション型」、あるいは他社並みの「汎用品型」の製品などを混然一体として展開している。勝ちパターンが拡散しているわけである。

拡散する理由は2つある。ひとつは売り上げを伸ばすためにあらゆる方法をとるからである。手離れよく売ることが定石である「匠型」製品を扱っていても、さらに顧客を増やすために「ソリューション型」で顧客に密着してきめ細かく提案したりしているのである。

▼事業を捨てられない「ニ」族企業

もう一つの理由は、事業とそこについている人を切ることができないからである。「匠型」の製品がライフサイクルとともに「汎用品型」のゾーンに落ちてしまった場合、「ヲ」族企業であれば、本来の勝ちパターンから外れたということで撤退するか、または売却してその事業を切り離すのが一般的である。例えば、スリーエム社のフロッピーディスク事業では製品ライフサイクルで汎用品になり、価格競争になるやいなや事業を売却したのである。

また、IBMは現在「ソリューション型」に集中しているが、以前は汎用品型のパソコン事業も抱えていた。しかし、勝ちパターンの選択と集中が経営者の本来の仕事ということで、当時売り上げの1～2割を占めるパソコン事業であっても中国のレノボ社に売却したのである。

一方、「ニ」族企業の場合は事業を切り捨てるのは最後の手段であって、コストダウンにつぐコストダウンを重ねて低収益であっても事業を続ける。やがて赤字が続き、誰が見てもどうしようもなくなってから切り離すことになる。

2 擦り合わせ型と組合せ型の視点

▼擦り合せ型の「ニ」族企業と組合せ型の「ヲ」族企業

これら6つのFの勝ちパターンに、「ニ」族企業の得意な擦り合わせ型マネジメントと、欧米あるいは中国の「ヲ」族企業が得意な組み合わせ型マネジメントの領域を重ねてみたのが、**図2．2**である。

「擦り合せ」と「組み合わせ」という分かりやすい視点は、日本と米国の自動車産業におけるモノづくりの特徴を研究された東京大学の藤本隆宏教授が使った言葉である。自動車の構成要素を機能モジュールに分けて、それを水平分業して組み合わせてつくるのが米国式であった。これに対して、構成要素どうしを担当者が互いに擦り合せて作り込んでいくのが日本式というわけである。

この「擦り合せ」と「組み合わせ」という視点を発展させると、モノづくりにとどまらず、企業や事業のマネジメントの世界にもそのまま使えそうである。互いに相手に合わせる「ニ」族企業だからこそ「擦り合せ」が可能であり、欧米や中国の「ヲ」族企業には決してできない事業づくりの特徴をもっている。**擦り合せ型の「ニ」族、組み合わせ型の「ヲ」族**という構図である。

▼「世界初型」は「ヲ」族企業が優位

「世界初型」は組み合わせ型のビジネス展開が有利である。グーグルや化学企業のデュポン社などは世界初型で勝負している。全く新しい製品や事業は、互いに大きく離れた異質の分野の技術やノウハウを組み合わせることで実現することができる。個人が組織を超えて異質で幅広いネットワークを持とうとする志向の強い欧米人にくらべて、どちらかといえば組織の中や周辺に密度の濃いネットワークを持つことが得意な日本人は相対的に異質度のレベルが低いわけである。このような背景もあって、「世界初」型は組み合わせ、つまり「ヲ」族企業が圧倒的に優位である。

▼「匠型」は「ニ」族企業が強い

「匠型」は逆に擦り合わせ型が優位な勝ちパターンである。マブチモーター、日本電産、日東電工、キ

欧米型企業は
「組み合わせ」
日本型企業は
「擦り合わせ」

図2.2 「擦り合わせ」と「組み合わせ」の視点

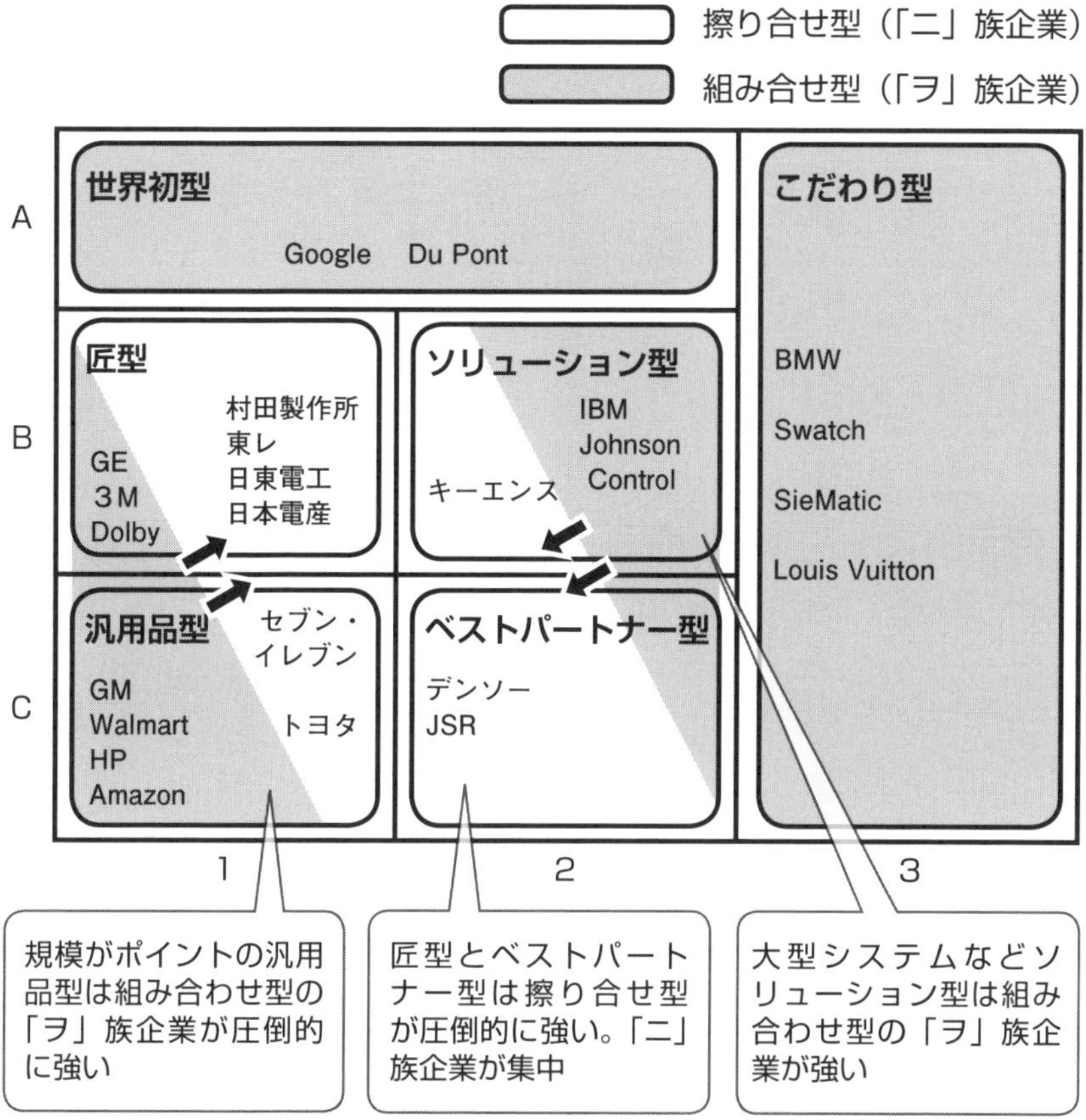

◇世界初型、こだわり型は圧倒的に組み合わせ型が得意な「ヲ」族企業が優位にある

◇勝ちパターンの明確でない「ニ」族企業の多くは、擦り合せゾーンの中を行ったり来たりしている

◇組み合わせ型は顧客対応が限定的である一方、擦り合せ型はきめ細かく、小回りの利く対応をする

◇進化・変化力では擦り合せ型が有利

◇インダストリー4.0は「ヲ」族企業における多品種少量を容易にし、「ニ」族が強かった擦り合せゾーンを狭める可能性がある

ヤノンなど世界をリードする「ニ」族企業がここには沢山いる。米国のスリーエム社も「匠型」の優良企業である。ただ、このスリーエム社の場合は、「ニ」族企業のような擦り合わせではなく、開発技術者個人のコンセプトづくりの能力が基盤にあり、そのコンセプトづくりの強さを起点とした組み合わせ型での事業展開である。

全体的にみて「匠型」のビジネスは擦り合わせが得意な「ニ」族企業に軍配があがる。

▼「ベストパートナー型」も「ニ」族企業が強い

「ベストパートナー型」のビジネスも擦り合わせ型が優位である。言うまでもなく、ベストパートナーであるためには顧客企業に合わせて密着、あるときは顧客と運命共同体になることも必要とされる。官公庁への密着、電力や種々の公団への密着、大手自動車会社への密着など、その擦り合わせ力は「ニ」族企業が世界一であろう。「匠型」と同様に「ニ」族企業の特性に合った勝ちパターンといえる。

ただ、ベストパートナーであることと、隷属することとは全く別の話であることを忘れてはならない。自動車のコンポーネントを製造しているデンソーはトヨタのベストパートナーであるが決して依存しているわけではない。デンソーのビジネスの半分以上はトヨタ以外の企業向けである。真のベストパートナーであり続けるためには、依存するのではなく、その企業が自分の足で立っていなければならない。

▼「ソリューション型」は「ヲ」族企業が優位

「ソリューション型」のビジネスは組み合わせの得意な「ヲ」族企業に軍配が上がる。トータルなソリューションを実現する彼らのコンセプト構築力、システム構築力、モジュール化力は「ニ」族企業のはるか上をいっているように思える。欧米ではシステムを制するものが全てを制するかのごとく、システムビジネス志向が強いことも背景にある。例えば、ビルの設備などの制御システムを提供するジョンソン・コントロール（ＪＣ）社は、ビル全体の管理をシステム化し、最適なエネルギーコストのコントロール、セキュリティのコントロールなどのサービスを含めたビルのトータル・ソリューション事業を展開している。

▼「汎用品型」と「こだわり」型も「ヲ」族企業が優位

汎用品型は、多少の差はあっても一歩下がれば他社並品、他社並サービスのビジネスである。規模を武器に、欧米やアジアの「ヲ」族企業は汎用品ビジネスの組み合わせ型で大きく展開している。白物家電や情報家電などは、世界シェアでみれば圧倒的に組み合わせを得意とするアジアの「ヲ」族企業が覇権をとっている。乗用車では組み合わせの海外勢と擦り合わせ型のトヨタ、ホンダという構造である。これはどちらもいい勝負をしている。流通産業ではどうであろうか。コンビニ業界では擦り合わせ型の「ニ」族企業が強く、アジアへの展開など世界をリードしている。スーパーではイトーヨーカドー、イオンが束になってかかっても、組み合わせ型の米国ウォルマートには圧倒的な規模の差でかなわない状況である。大きく見れば、汎用品ビジネスでは「ニ」族企業がきめ細かさで頑張ってはいるものの、全体としては規模の大きい「ヲ」族企業に軍配が上がるようである。

また、「こだわり」型についても、ブランド・アイデンティティを妥協せず、絶対に変えることなく事業を続ける力は「ヲ」族企業の特長である。多くの「ニ」族企業は世の中の好みや、売れ筋方向に合わせて体が動いて進路を変えてしまう。状況や相手に合わせて変えない「ヲ」族企業、すぐ変える「ニ」族企業という構図である。「こだわり」型では、圧倒的に「ニ」族企業が強い。

▼擦り合わせの習慣のない「ヲ」族企業とどう付き合うのか

「ニ」族企業のグローバル展開における大きな問題は、海外企業に擦り合わせの習慣がないことである。一般的に言って、顧客が「ニ」族企業の場合、技術レベルは高く、担当者も技術のことをよく知っているケースがほとんどである。サプライヤーについても同様である。したがって、顧客ともサプライヤーとも技術面での擦り合わせをすることができた。

しかし、海外「ヲ」族企業の場合、特に新興国においては、相手の顧客企業の技術レベルが低いことが多く、思うように擦り合わせができない。もともと、擦り合わせて一緒に目的を達成するという「ニ」族企業の習慣がないので、「ニ」族企業はやり方を根本から変えなければならない。とりあえず作って持って行って打合せを繰り返して完成させるというスタイルではなく、一発勝負で最終版として持っていかなければならない。相手は他社にも同じ要求を丸投げして、複数社を比べて一番良さそうなのを選択するわけである。そのようなやり方には擦り合わせの入り込む余地はない。擦り合わせ型を武器とする「ニ」族企業は、**新たなスタイルの擦り合わせを考え、海外「ヲ」族企業に対して攻めていかなければならない**時期にきている。

まとめ：

1. 米国の経営学者エイベルの事業の定義によれば、事業は3つの要素で決まる。顧客（C）そして技術ノウハウ（T）、機能（F：顧客から見た価値）である。
2. 「顧客から見た価値」（F）の視点で事業を整理すると、6つの勝ちパターンに分類することができる。①世界初型、②匠型、③ソリューション型、④汎用品型、⑤ベストパートナー型、そして⑥こだわり型である。
3. 「ニ」族企業であれ、「ヲ」族企業であれ、世界の優良企業は勝ちパターンの選択と集中を行なってきた。
4. 多くの「ニ」族企業は擦り合わせ型のゾーンで世界を相手に戦ってきた。一方、多くの「ヲ」族企業は組み合わせ型のゾーンで戦っている。
5. 匠型とベストパートナー型は擦り合わせ型の「ニ」族企業が優位である。一方、その他の勝ちパターンは組み合わせ型の「ヲ」族企業が優位に立っている。

ネクスト・ステージに向けてのセルフ・チェック

▼脅威

□1．自社の事業を「顧客はなぜ、他社でなく当社を選ぶのか」でポジショニングしてみる。製品・サービスの「顧客から見た価値」が拡散、混在していないか？

□2．匠型の事業では、その製品・サービスは時間とともに汎用品型ゾーンに落ちてくる。勝ちパターンを切り替えるか、捨てるかの決断をしているか？

□3．差別性が失われた汎用品ゾーンの製品を匠型だと思い違いをしていないか？

□4．グローバル展開では、組み合わせ型の「ヲ」族企業とうまく付き合っていかなければならない。そもそも組み合わせ型と擦り合わせ型のマネジメントの違いを十分区別できているか？

▼可能性

□1．ネクスト・ステージの事業展開で、勝ちパターンの選択と集中を行なえば事業の拡大と増益が十分見込めるのではないか？

□2．勝ちパターンごとの事業展開の定石を押さえていけば、世界を相手に十分戦えるのではないか？

□3．組み合わせ型の「ヲ」族企業を取り込むことで、ソリューション事業やグローバル展開における収益性をかなり高めることができるのではないか？

□4．新規事業開発を既存事業と同じ戦略ビジネス・プラットフォームに集中することで、そのスピードと成功の確率が格段に高まるのではないか？

□5．既存の閉塞している事業群を「顧客から見た価値」で事業の再定義をすることで、再び成長路線に乗せることができるのではないか？

3 なぜ、戦略がないといわれるのか？

1 「〝形〟と〝動き〟」の戦略フレーム

▼戦略目標として明確な〝形〟を持つ「ヲ」族企業

自社に明確な戦略がないと多くの「ニ」族企業の社員は自嘲して言う。自分と家族の生活が懸かっている自分達の事業に戦略がないことにあまり悲壮感がない。「ヲ」族企業であれば、とうてい考えられないことであろう。実際、多くの「ヲ」族企業から日本企業は戦略がないと言われ続けている。なぜ、戦略がないと言われるのか。なぜ、戦略がなくても平気なのか。欧米「ヲ」族企業の経営と「ニ」族企業の経営の違いを、色々な視点、角度からみて認識しておかなければならない。

まず、戦略目標の明確さが欧米「ヲ」族企業と「ニ」族企業では大きく違う。「ヲ」族企業ははっきりとした到達目標としてビジネスモデルを決め、ビジネスの青写真を精緻につくる。つまり、はっきりとした〝形〟を到達目標として持っている。これに対して、**「ニ」族企業の場合**、数値目標は別として、到達すべき〝形〟が明確ではないことが多い。到達目標としての〝形〟ではなく、**方向性やベクトルを示していることが多いようである。**グローバル化、高付加価値化、新成長分野への進出などが提示されるものの、到達目標としての具体的なビジネスの〝形〟は定められていない。到達目標を固めてしまうより、状況によって、臨機応変に変えることをよしとしているようである。今の流行語でいえばクラウド（雲）のように到達目標は時々刻々と変わっていいという考え方で戦略目標を捉えているのである。

▼シナリオが先にある「ヲ」族企業、走りながら考える「ニ」族企業

「ヲ」族企業は到達目標としての〝形〟を明確につくるとともに、現在からそこに至るための戦略シナリオも精緻につくる。こうして作った戦略目標とその実現のためのシナリオを責任範囲と権限を整理して、トップダウンで指示命令して実行させる。上司から部下への指示命令のやりかたは3段階で徹底させている。①「この戦略目標をこの戦略シナリオで具体化したい。しかし、もし君が他に良い代替案を持っているのであれば提案してほしい。一緒に考えよう。」②「代替案がなければ、これでやって、結果を出して欲しい」③「できないなら辞めてもらうしかない。他の人に代わってもらう。」という徹底したものである。上の役職者から下の一般社員まで戦略シナリオの遂行と成果に対する責任、コミットメントを約束させられるわけである。きちっとやれば実現できるはずの具体的な戦略目標を立て、実施可能で現実的なシナリオを精緻につくり、役員から社員へとトップダウンでそれぞれの個人がコミットメントして具体化するのが欧米「ヲ」族企業の普通のやりかたである。

一方、「ニ」族企業ではおおよその方向やベクトルを共有して、**目標に至る道筋を臨機応変に変えて具体化**していく。どこまで達成、具体化するかは走りながら変えていく。可能であればどこまでも突き進んでいくし、困難な状況に遭遇すればそこで足踏みすることになる。シナリオも適宜変えながらその時点での当事者達の判断で決めて進めていく。つまり、こうありたい方向を共有して、当事者達の努力と情熱で行けるところまで行くのが「ニ」族企業の事業展開の姿である。

▼コーディネーションの「ヲ」族、トライ&エラーの「ニ」族

仕事の進め方も大きくちがう。「ヲ」族企業ではコーディネーションを最も重視する。コーディネーションとは担当責任を担った人や組織の進捗状況を把握して、全体がうまく進むように担当者間の調整をすることである。接点管理と言ってもよい。組み合わせ型といわれる「ヲ」族企業のマネジメントでは専門担当が明確に分けられており、その中まで立ち入ることは原則としてしない。専門担当組織の間の接点管理さえしっかりすれば、戦略目標としての〝形〟に向けて全体をシナリオ通りに動かすことができるのである。

「ニ」族企業の場合は、〝形〟ではなく共有された方向に向けて、それぞれの当事者達がトライ&エラーを重ねながら具体化を進める。擦り合わせ型で創意工夫をしながら一歩一歩進めるのである。コンパスだけを持って、地図のないジャングルを全員で総力をあげて道なき道を切り開いているイメージである。そのような「ニ」族企業のやり方を、「ヲ」族企業は戦略がないというのである。

2 「ニ」族企業は集団の〝動き〟を大切にした

▼プロとしての個人力とトライ&エラーの集団力

個人を強くすれば会社は強くなるというのが欧米「ヲ」族企業の考え方である。トップのCEOを変えれば見違えるように変わるのが欧米型経営の特徴である。日産はCEOにゴーン氏を招くと同時に「ニ」族型経営から「ヲ」族型経営に転換した。苦境を脱し、ここまで発展してきたパワーの源泉はゴーン氏によるところが大きいのであろう。「ヲ」族企業ではトップはもちろんのこと、それぞれのマネジメント階層で責任と権限を与えられた個人の力量で業績が左右されるしくみである。トップの交代

を誤った結果、急速に業績が低下して、急きょトップを再度替えることなど日常茶飯事である。

「ニ」族企業においても、企業は人なりで、個人力が重要であることに間違いはないが、それ以上に個人の集合体である集団としてのパワーがポイントとなる。オーナー企業のワンマン経営者は例外として、一般的に「ニ」族企業では、トップが変わってもその人個人の力で急速に業績が回復するとか、低下することは稀である。組織として、集団としてのパワーが企業業績を左右しているようである。

人材育成の考え方も「ヲ」族企業と「ニ」族企業では大きく異なっている。「ヲ」族企業では社内で育てるのではなく、外から優秀な人材を持ってくることを前提としている。一方「ニ」族企業では、社員全体の育成を熱心に進めている。

▼「ヲ」族企業の個人別成果主義と「ニ」族企業のプロセス評価

個人を強くすれば会社が強くなる「ヲ」族企業にとって個人別の成果主義による業績評価は理にかなっている。一方、集団力で支えられている「ニ」族企業に個人別成果主義をそのまま持ち込むと不協和音が出てしまう。既に多くの「ニ」族企業では「ヲ」族型成果主義を導入した後、実態に合わせてプロセス評価を重視するように大きく軌道修正してきた。もはや個人別成果主義とは言えないほど修正に修正を加えて原型をとどめていない名ばかり成果主義も多いのである。

▼精緻で厳格なシステムと〝あそび〟のあるシステム

企業の制度や、マネジメント・システムについても「ヲ」族企業と「ニ」族企業では向かっているところが大きく違う。「ヲ」族のシステムは誰が担当しても間違いのないように精緻につくられ、厳格に運営されることを前提としている。属人性を最小限に抑えることができるシステムが優れたシステムなのである。「ニ」族企業の制度や経営システムは少し違うようである。現場や個人の裁量の範囲が相対的に大きく、属人性、融通性も大きいものが良いシステムなのである。

乗用車のハンドルに〝あそび〟があるとか、ないという表現が使われる。〝あそび〟の大きいハンドルは多少動かしても敏感には反応しない。〝あそび〟の小さいハンドルではチョット動かすと敏感に反応する。「ニ」族企業の属人性、融通性の大きいシステムは〝あそび〟のあるシステムといえる。反対に、精緻につくられ、属人性を許さない「ヲ」族企業のシステムは〝あそび〟のないシステムである。〝あそび〟があるから担当者はいろいろトライ&エラーができ、製品やサービスを進化させることができる。「ニ」族企業が進化・変化のスピードで生き残ってきた背景には〝あそび〟の許容度の大きいマネジメント・システムがあったことを忘れてはならない。また、今後「ニ」族企業が引き続き進化・変化のスピードで優位性を築くのであれば、何としても〝あそび〟のあるシステムをうまくつくり、運営していかなければならないのである。残念ながら、今多くの「ニ」族企業ではガチガチの欧米「ヲ」族型経営システムづくりを指向しているように見える。

3 〝形〟を共有する「ヲ」族企業、〝動き〟を共有する「ニ」族企業

▼〝動き〟を共有して元気だった「ニ」族企業

このように「ヲ」族企業と「ニ」族企業のマネジメントやシステムには大きな違いがあるが、その元は両者の社員が共有するものが根本的に違うことにある。「ヲ」族企業は戦略目標として事業モデルという明確な〝形〟をつくり、それを共有、役割分担し、コミットメントして具体化することを説明した。一方、「ニ」族企業は事業モデルなどの明確な〝形〟ではなく、方向性、ベクトルを共有しているとも説明したが、実はもっと重要なものを共有している。それは〝**動き**〟である。方向性とかベクトルについては、どの会社も成長分野や高付加価値化な

ど同じようなもので、そこにあまり大きな差はない。「ニ」族企業が重視しているのは社員の〝動き〟である。進化・変化のスピードでしか生き残れなかった「ニ」族企業の社員はトライ&エラーに挑戦する〝動き〟を磨いてきた。誰でもが知っている「ニ」族企業の〝**報連相**〟は進化・変化に向けて、情報を共有化し、集団の中で相談して新たな試みや解決策を考えるための最も基礎的な行動モデルである。その基礎的な行動モデルの上に、それぞれの企業が独自の特長ある〝動き〟をつくり、社員が共有してきた。「ニ」族企業は先にある目標としての〝形〟ではなく、今そこで**やるべき〝動き〟を共有**することでGDP2位という奇跡を起こしたのである。決して〝形〟としての戦略があったわけではない。

▼〝姿〟は〝形〟と〝動き〟の2つを合わせたもの

よく将来に向けての経営ビジョンを策定する場合に**5年後、10年後の〝姿〟**という表現を使う。実は〝姿〟という言葉は2つの要素から成り立っている。

一つは〝形〟でもう一つは〝動き〟である。時代劇で忍者の〝姿〟といえば、黒い布でほっかぶりして、刀を背負っている〝形〟と、宙返りしたり、屋根の上を小走りする〝動き〟の2つの要素で成り立っている。企業の5年後、10年後の〝姿〟を描くとき、「ヲ」族企業は事業分野や規模、ビジネスモデルなど〝形〟を重点的に表現しようとする。「ニ」

<“動き”先にありきの戦略フレーム>

ビジネス・モデルを雲（クラウド）のように変え続ける

戦略目標としての“形”は不明確なため、戦略がないといわれる

臨機応変の
擦り合わせによる
創意工夫と試行錯誤の
繰り返し

「上書力」：ビジネス・モデル、製品の改良、改善
「昆虫型行動」：単純な試行錯誤の繰り返しで突破
「集団力」：一丸となった擦り合わせ行動
「小さなインセンティブ」：努力とプロセス評価
「経営体制」：“あそび”の幅が大きい経営システム

行動モデル＝“動き”

ビジネス・モデルはアバウトだが、軽量化、コンパクト化など、普遍的なベクトルを共有する。

さらに、連携しながら集団で進化・変化に向けてのトライ＆エラーする“動き”を予め暗黙的に共有している

<マネジメントの基本スタンス>
・方向性と“動き”の共有化
・アバウトな経営システム
・一丸となった集団意思決定
・臨機応変な管理（「それはそれとして」、「とりあえず」）
・集団の評価、プロセス評価

「進化・変化」のスピードを最大化するマネジメント
（「二」族企業）

図3.1 「“形”と“動き”」の戦略フレーム

＜“形”先にありきの戦略フレーム＞

ビジネス・モデル＝“形”

戦略目標としての事業の“形”が明確であり、
それを変えない

“形”の実現に向けて
青写真とシナリオ
に沿った計画的な
具体化のマネジメント

「システム構築力」：ビジネスをシステムとして構築
「コーディネーション力」：組み合わせのマネジメント
「個人力」：専門化されたプロ
「明確なインセンティブ」：契約にもとづく成果主義
「経営体制」：“あそび”を最小化した経営システム

事前に多くのデータと分析によって
明確なビジネス・モデルと精緻な戦略シナリオを
トップ自ら主導的に作成する

＜マネジメントの基本スタンス＞
・目標としての“形”の共有化
・精緻な経営システム
・明確に分担された役割、責任と権限
・厳格な予算管理
・個人別の成果と報酬

「拡大」のスピードを最大化するマネジメント
（「ヲ」族企業）

族企業も「ヲ」族企業を真似て〝形〟でビジョンを描くが、ボヤっとしていて社員はあまり共鳴していないようだ。「ニ」族企業の場合は、〝形〟よりもいかに元気に活性化され、世界で頑張っているかという〝動き〟に重点を描いたほうが社員に歓迎されるようである。**〝形〟を共有して勝負する「ヲ」族企業、〝動き〟を共有して勝負する「ニ」族企業**という構図が見えてくる。

▼拡大のスピードより進化・変化のスピード

スピード経営という言葉の捉え方が「ヲ」族企業と「ニ」族企業では異なる。「ヲ」族企業にとって最も重要なのが**事業拡大のスピード**である。3ヵ年の経営計画の中で、「ここまで規模拡大をします。ここまで利益を拡大します」とコミットメントする。ガチャン、ガチャンと組み合わせることによる規模拡大のスピードこそ彼らの得意とする経営パターンである。

一方、「ニ」族企業は顧客に密着して、きめ細かく対応し、モデルチェンジや改良・改善にエネルギーを注ぎ込むために、拡大のために使われるエネルギーは多くない。拡大のスピードではなく、**進化・変化のスピード**に命を賭けてきたわけであり、今後もこれを変えることはない。

まとめ：

1．「ヲ」族企業は戦略目標として必達の数値とそれを実現するための事業の明確な〝形〟とそこに至る戦略シナリオを示す。そして、その実現に向けて、個人のレベルまで責任と権限を明確に設定して、コミットメントを要求する。

2．「ニ」族企業は戦略目標として、努力目標としての数値とそれを実現するための方向性やベクトルを示す。そして、そのベクトルに沿って集団が走りながら、多くのトライ&エラーの〝動き〟を繰り返して数値の達成を試みる。

3．ざっくりといえば、「ヲ」族企業は〝形〟を共有し、「ニ」族企業は〝動き〟を共有してきた。

4. 「ヲ」族企業は事業の拡大のスピードを最重視してきた。一方「ニ」族企業は製品・サービスの進化・変化のスピードを最重視して、世界で戦ってきた。

ネクスト・ステージに向けてのセルフ・チェック

▼脅威

□1. 「ヲ」族企業の〝形〟ばかり真似をして、〝動き〟が消えていないか？

□2. 〝動き〟のスピードが自社の勝ち残りの生命線であるとの共通認識が薄れていないか？

□3. 〝形〟としてのビジネスモデルの検討ばかりで、〝動き〟としてのトライ&エラーの行動モデルが検討されていないのではないか？

□4. 企業や事業のビジョンの「姿」を〝形〟だけでなく、〝動き〟を含めた両方で描けているか？

□5. コンプライアンスなど「ヲ」族企業の制度、システムを導入し、真面目にやりすぎることによって、〝動き〟が失われていないか？

▼可能性

□1. 国内外の企業と比べて、自社の〝動き〟を差別化できれば世界で勝てるのではないか？

□2. 多忙を理由に進化・変化のための情報収集やコンセプト作りが後回しにされているが、無駄な動きをなくし、定石行動に絞った「〝動き〟の選択と集中」をすることで進化・変化のスピードが倍増するのではないか？

□3. コンプライアンス、ISOの縛り方を重点指向にすることで、過剰な内部資料づくりを軽減でき、その分顧客に向けた価値づくりと製品・サービスの革新と創造を促すことができるのではないか？

□4. 〝動き〟を基軸にしたビジョンづくりや中期経営計画づくりにチャレンジすることで社員の活性度が大きく高まるのではないか？

4 なぜ、元気が失われたのか？

1 「集団イノベーション」の戦略フレーム

▼「ニ」族企業の経営の最小単位は集団

相手に合わせるDNAを持った「ニ」族企業はそのマネジメント方式も「ヲ」族企業とは大きく異なることは既に述べた。「ニ」族企業では部門、部署ごとにマネジャーと一般社員が互いに擦り合せて団子状になって物事を進めていく傾向が強い。意思決定や行動様式が集団単位と考えてよさそうである。

一方、「ヲ」族企業ではトップがつくった精緻な計画を細分化し、最終的には個人の単位まで落とし込み、そこでの役割を分担する。組織図通りのピラミッド型の意思決定、行動様式になっている。

つまり、「ヲ」族企業の経営の最小単位は個人で、「ニ」族企業では部や課やグループといった集団なのである。

なぜ、一昔前まで日本企業が集団力で元気だったのか、そしてなぜ今、元気がなくなってしまったのか？ ネクスト・ステージの事業戦略を立てるために、「ニ」族企業の集団力について今一度整理しなくてはならない。

▼4つの「集団」で元気だった「ニ」族企業

「ニ」族企業は集団力で世界に存在感を示してきた。元気だった頃の「ニ」族企業における「集団」についてもうすこし詳しく見ることにする。

集団には4種類ある。①「**場**」と②**サークル**と③**チーム**と④**グループ**である。一見似ているようであるが微妙に役割や性格が違う。「ニ」族企業ではこの違いを本能的に理解して、4種類の集団を器用に組み合わせて物事を進めてきた。集団活動の世界的エキスパートと言ってもいいくらい、「ヲ」族企業には見られない繊細な感覚を集団に対して持っているようである。集団が周辺に沢山ある「ニ」族企業の活動では、集団の意味合いも繊細である。4種類の集団（「場」とサークルとチームとグループ）についてその違いを順に明らかにしていこう。

▼共有するもので分類する

集団によって、その共有するものが異なる。まずは「この集団は何を共有しているのか」という視点で4つの集団を整理してみる（**図表4．1**）。

最初の集団である**グループは同じ属性を共有する人々の集まり**である。日本人、アメリカ人といった出身国籍でくくったり、営業職、エンジニアのように職業で分けたり、営業1課、設計3課のように組織で分けたりする。このように自分達の属性で分けているのがグループである。グループは他のグループとの間に壁をつくる性質を本質的に持っている。

集団の2番目はチームである。**チームは目標を共有する専門家あるいはプロの人々から成る集団**である。グループの共有するものが属性であったのに対して、チームで共有するのは到達すべき目標である。共有された目標に向かって、それぞれ役割分担された専門家、プロが自分の責任を果たすわけである。野球のチームを例にとると分かりやすい。リーグ優勝するという共有された目標に向かって、チームメンバーである監督、ピッチャー、キャッチャー、内野手、外野手、コーチがそれぞれの役割を果たしていく。野球はチームであって、野球グループとは呼ばない。企業における製品開発プロジェクトチームは開発目標としてのスペックとコストと期限を共有し、それに向かって、開発技術者、生産技術者、営業など、それぞれの専門家が役割を果たして開発を成功させるわけである。チームに共有されているのは明確な目標である。

集団の3番目はサークルである。**サークルは価値観や問題意識を共有する人々の集まり**である。個人の属性や、専門性とは関係なく、編み物が好きな人たちは編み物サークルをつくるし、野鳥が好きな人は野鳥のサークルをつくる。このような価値観を共有する集まりがサークルである。

企業活動におけるサークルであれば、例えば、環境関連のビジネスを考えるコンセプト・サークルである。成長性だけでなく企業イメージ向上のためにも進出することが大切だという問題意識や価値観を共有する社員が集まって、環境に優しい新製品・サービスのコンセプトを企画提案する。

最後の4番目の集団は「場」である。**「場」は人々が時間と空間を共有し、そこで情報の受発信が行なわれるところ**である。「場」には喫煙室のように受発信の内容が予め決められていないものと、勉強会や学会あるいは展示会のようにある程度受発信する情報の内容を絞り込んだものもある。

このように何を共有しているかという視点で人の集まりを分類整理すると①グループは属性、②チームは目標、③サークルは価値観と問題意識、④「場」は時間と空間ということになる。

▼アウトプットで整理する

次に、「この集団のアウトプットは何か」で整理分類するとさらに明確になる。

「場」のアウトプットは出会いとキッカケである。企業活動に関係した「場」においては事業革新や創造のヒントになる出会いとキッカケが生まれる。エレクトロニクス・ショーや展示会といった「場」、顧客との「場」、社内の勉強会、組織横断の懇親会、役員同士の朝会などの「場」から新製品や新事業につながる出会いとキッカケが生まれるのである。高齢者向けのサービスが当社にとって面白そうだといったテーマとの出会いなどもそのひとつである。

サークルは「高齢者向けのサービス」というテーマに共鳴する社員、つまり価値観や思いを共有する人たちが所属、年齢、専門分野に関係なく集まる。何とか事業化したいという意志をもって具体的な事業のコンセプト、儲かる仕組みなどを議論してビジネスモデルや事業シナリオを構築する。**サークルのアウトプットは事業の企画案、設計図、青写真**である。

サークルのアウトプットは次のチームにバトンタッチされる。事業企画案を具体化するために、マーケティング、設計、製造、物流などの部署から専門家を集めてチームがつくられる。チームとして集められた専門家集団は既に作成済みの事業の青写真を明確な目標として共有し、プロジェクトを組んで具体化するわけである。順調に目標を達成すれば、チームは現ブツとしての製品や具体的な事業を成果としてアウトプットすることになる。

チームによって具体化された製品や事業は既存の事業部に移管されるか、新しい担当事業部がつくられ、そこで継続的に拡大発展させていく。**グループ、この場合は事業部のアウトプットは事業と事業部自身の継続的な存続**である。

このように、4つの集団をアウトプットで整理分類すると、①「場」は出会いとキッカケ、②サークルは製品・事業のコンセプト、③チームは製品・事業の具体化、そして④グループは永続的発展・存続ということになる。

革新と創造のテーマにつながる出会いやキッカケのない「場」は単なる時間つぶしでしかない。コンセプトが出てこないサークルは単なる仲良しサークルか不平不満のガス抜きサークルである。コンセプトを製品化、事業化できないチームはさまよい続ける漂流プロジェクトチームである。

元気だった頃の「ニ」族企業では、この4つの集団を勢いよく回すことで、革新と創造を続けてこれまで成長してきた。ネクスト・ステージでも進化・変化のスピードで勝ち続けるためには4つの集団によるイノベーションのサイクルをさらに速く回さな

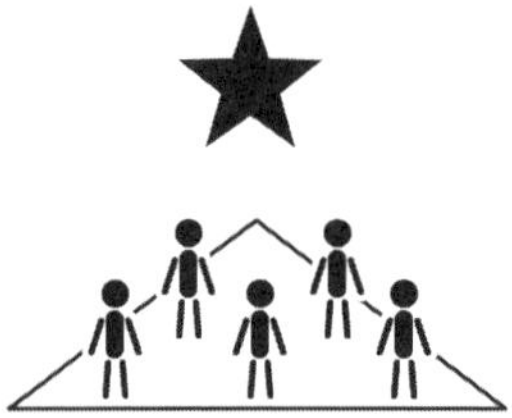

チーム

組織の具体化力

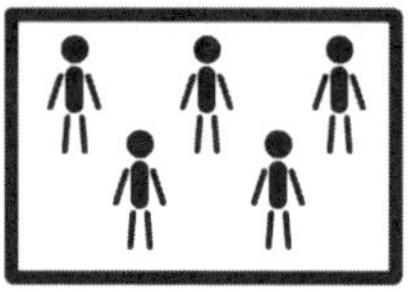

グループ

組織の存続力

チーム	グループ
明確な目標、青写真	所属、属性 運命共同体意識
事業の具体化 （事業システム）	事業組織の存続 （事業運営）
事業化プロジェクト 改革プロジェクト 開発プロジェクト	事業部 部、室 研究室
「ヲ」族企業のチームは 個人の専門性が明確、 「ニ」族企業のチームは 専門性より協調性	グループは本質的に 互いに壁をつくる集団

「ヲ」族企業では、出来上がったコンセプトを外部から導入して、
プロジェクト・チーム段階からスタートさせる。
「場」とサークルは不要

企画、コンセプトの甘いテーマのプロジェクト・チームを発足させるために、多くのプロジェクトが漂流！

一発必中

図4.1 「集団イノベーション」の戦略フレーム

	「場」 組織の情報力	サークル 組織の企画力
共有するもの：	時間と空間	価値観（テーマ） 問題意識
アウトプット：	出会い、キッカケ （テーマ）	明確な目標、青写真 （事業コンセプト）
企業活動例：	異業種交流会 喫煙室　研修 学会、展示会 顧客との会合 ネット上のバーチャルな 「場」もある	インフォーマル勉強会 研究会 コンセプトサークル サークル段階から チームへの移行の 基準があいまい
	「ニ」族企業は「場」⇒サークル⇒チーム⇒グループの集団イノベーション・サイクルを回して進化・変化をジェネレートしてきた	
「ニ」族企業の課題：	「ニ」族企業に余裕が失われ、また「ヲ」族型経営への傾斜のために「場」とサークルがほとんど消えた！	

多産多死の許容

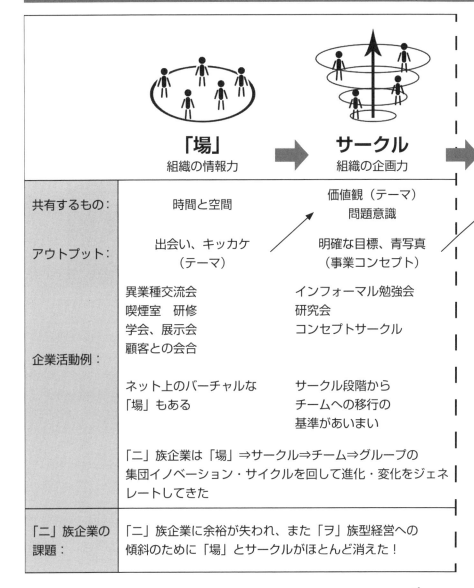

ければならないのである。しかし、現状は真逆の方向に進んでいる。

2 「場」と「サークル」が消えてしまった

▼情報環境は格段の進歩をとげた

企業の情報環境は一昔前に比べると格段によくなった。インターネットによって情報へのアクセスのスピードと量は桁違いの進化を遂げている。大方の知りたい情報はインターネットから獲得することができる。

このように活字化された公開情報についての情報環境は整ったのだが、企業が必要としているのは活字化された公開情報だけではない。特に進化・変化のスピードで勝ち残ることが運命づけられている多くの「ニ」族企業にとっては、革新や創造のきっかけとしての情報が大きな価値を持つのである。もちろん、活字情報もきっかけになることもあるが、より重要なのは生きた情報である。

▼生きた情報とは「場」での出会い

生きた情報とは活字情報ではなく、**人と人とがフェイス・ツー・フェイスのコミュニケーションの中で交わされる情報**である。多くの人との出会いがあり、その人達との会話の中に新しい製品やビジネスチャンスのきっかけがある。お客様との会話、仕入れ先の人との会話、同業者や異業種の人との会話、展示会での会話など、多くの「場」での出会いを通じて進化、変化のためのきっかけをつかむことができる。「ニ」族企業にとって最も重要な組織の情報力とはそういうものである。便利なインターネットはその補助手段あるいは確認手段と位置付けるほうがよいであろう。しかし、残念なことに組織の情報力として最も重要な「場」に危機がせまっているのである。

▼社内外の「場」が消えた

成長期には「ニ」族企業の本能なのであろうか、社内外に多くの「場」が自然発生的につくられていた。その後、企業組織の拡大に伴う欧米「ヲ」族型経営手法の浸透、リストラ、人員削減による個人の業務負担の増加、ISOやコンプライアンスなど内向き業務の増加などで組織や社員に余裕が全くなくなってしまった。

また、**「ヲ」族企業のマネジメント方式が「場」づくりの逆風になっていることも忘れてはならない。**

欧米「ヲ」族型経営の基本的な考え方は、①社員は業務（オペレーション）に徹して、今期の売上と利益の目標を達成することだけに専念するべきであって、②事業改革や新規事業の開発については出来上がったものを外部から持ってくればよいというものである。「ヲ」族の経営手法からみると、「ニ」族企業の「場」とかサークルにかける時間は単なる無駄でしかないのである。

社会環境の変化も「場」の消滅に関係している。工場への車による通勤が増えることによってアフター・ファイブの飲み会などの「場」が奪われた。共働き、家庭重視の傾向も同様である。出張の管理も厳しく、帰りに学生時代の先輩後輩との旧交を温めるために回り道することもできない。ヨーロッパ出張の帰りにどこかインドの会社でも訪問して顔を売っておこうと思っても、とても許される雰囲気ではない。「場」が消滅し、「ニ」族企業にとって重要な組織の生きた情報力が日増しに乏しくなっているのである。

▼企業の成長とともに硬直化

企業は創業期、成長期を経てやがて成熟期に入っていく。規模も大きくなり、部分的な成長製品、成長事業をもつものの、全体としては現在の規模をどう維持していくかが経営の最大の目標になる。この時期になるといわゆる組織の硬直化が起こり、大企業病などといわれる現象が会社の規模にかかわらず社内に蔓延してくる。創業期、成長期にはあった「場」やサークルは完全に消滅し、ほとんどの社員がそれぞれの事業部や部署のノルマを達成するために100％の時間とエネルギーを使うようになる。プロジェクトチームらしきものもあるにはあるが、将来に目を向けた革新と創造のためのチームではなく、出遅れて他社に追いつくための後追いのものであったり、トラブル解決のための後ろ向きのものが大半となる。ざっくりと言えば、組織の硬直化は社員が自分の所属する部署、つまりグループの存続のためだけに活動エネルギーのすべてを費やしている状態といえる。「場」がないから新しいビジネスチャンスや革新との出会いやきっかけがない。出会いやきっかけがないから熱い「思い」も芽生えない。熱い「思い」がないからサークル活動もない。サークル活動がなければ事業革新と事業創造の青写真を誰も作ることがないから前向きなプロジェクトチームもない。ただひたすら地盤沈下する既存事業での消耗戦を強いられている状況になるわけである。

▼「ヲ」族企業のシステムが集団創造を阻害している

「ヲ」族の組織では個人別の成果主義の人事システムがうまく機能している。個人を強くすること、個人をきっちり評価することで企業は強くなるからである。**「ニ」族の組織に欧米型の成果主義をそのまま導入してもうまく機能することはなかった。**試行錯誤の末、集団評価、プロセス評価を加えるなど、中身を大きく変えて、名ばかりの成果主義になっている。経営の最小単位が集団であるのに、「ヲ」族企業のシステムを導入して個人まで成果を落とし込むことに本来的に無理があったからである。

自分達も「ヲ」族企業のようにならねばならぬと信じ込んでいる「ニ」族企業の歴代の経営陣は「ヲ」族型経営手法を沢山導入してきた、そしてこれからも見境なく導入し続けるに違いない。成果主義やバランススコアカードなどをそのまま導入してもうまくいかなかったケースも数多くある。そのような失敗は、その経営手法が「ヲ」族企業で開発された理由や背景をきちっと理解し、それが「ニ」族企業に適用できるかどうかを事前検討しておけば、ある程度未然に防ぐことができたはずである。「ヲ」族型成果主義が「ニ」族企業で形だけに終わったのは、「組み合わせ」のマネジメントをベースに個人を経営の最小単位としている「ヲ」族企業では非常に有効な管理手法が、「擦り合わせ」型のマネジメントで集団を経営の最小単位とする「ニ」族企業においては根本的にミスマッチだったからである。

▼「ニ」族企業の経営幹部の役割は集団力の活性化

集団力をベースとする「ニ」族企業と個人力をベースとする「ヲ」族企業では経営幹部に要求されるスキルも大きく異なる。日本の経営幹部に必要とされる最大のスキルは「集団」から知恵とエネルギーをどれだけ引き出せるかであり、これを維持し続けることによって企業の永続的成長が確保できる。

一方、「ヲ」族企業の経営者に要求される最大のスキルは、戦略コンセプト構築力とそれを実施する優秀なマネジャーという「個人」をしかるべきポイントに配置し、その個人から知恵とエネルギーを最大限引き出すマネジメントをすることにある。

実際、高収益を続ける「ニ」族企業の経営幹部は強い集団の作り方とその活性化に優れた才能を発揮している。「ニ」族企業の経営幹部の最も重要な資質の尺度は、集団としての組織を活性化しつづける経営力といって過言ではないであろう。

こうしてみると「ニ」族企業のパワーの源泉は「集団」という単位というところに行き着くとみてよさそうである。個人が見える「ヲ」族企業に対して、多くの「ニ」族企業では個人が見えない。その代りに「集団」が見える。営業の現場での「集団」、工場での「集団」、設計や開発での「集団」。元気な「ニ」族企業の組織は、個人ではなく4つの「集団」で埋め尽くされている。トヨタやホンダが世界の自動車メーカーを相手に擦り合わせ型でがんばっているが、擦り合わせ型マネジメントの原点は「集団」である。「ニ」族企業では個人を強くしても会社は強くならない。そうではなく、「集団」を強くすることで会社は強くなる。「集団」を強くするマネジメントの良し悪しが勝敗を分けるのである。

まとめ：

1. 「ニ」族である日本企業は集団力で世界と勝負してきた。一方、「ヲ」族企業は個人力をベースにマネジメントをしている。
2. 企業活動における集団は4種類。①「場」、②サークル、③チーム、④グループである。
3. 社内外の「場」は進化・変化に必要な出会いとキッカケをもたらす企業の情報力そのもの。サークルは企業の企画力、チームは企業の具体化力、そしてグループは企業の存続力といえる。
4. 日本企業が元気だったころは社内にインフォーマルな「場」とサークルが沢山あったが、昨今ではその数が激減した。その結果、企業の情報力と企画力が失われ、ボトムアップの提案（新製品、新事業、既存事業の改革、社内改革）がなくなった。

5. 「ニ」族企業にとって集団力は競争力の原点であることから、4つの集団の認識と再強化を全社で取り組まなければならない。

ネクスト・ステージに向けてのセルフ・チェック

▼脅威

□1. 組織に余裕がなくなり、「場」とサークルが消滅していないか?

□2. 事業部門の意識が既存の製品、既存のやり方で数値目標を達成するオペレーションだけに向けられていて、明日の増収増益のための進化・変化に目が向いていないのではないか?

□3. 「多忙」が免罪符、言い訳としてまかり通っていないか?

□4. マネジャーは進化・変化の源泉である部下達の「場」やサークル活動の状況を把握しているか?

▼可能性

□1. 「場」とサークルを社内に数多くつくることができれば、自社のイノベーション力を高めることができる。ここでいうイノベーションとは、大きなブレークスルーというより、大小の創意工夫を含めた製品・サービス、ビジネスモデルなどにおける進化・変化のことである。

□2. 「ニ」族企業はもともと集団によるイノベーションのDNAを持っているのだから、これを再びスイッチ・オンして顕在化させることができれば、世界で勝てる。

□3. 個人力をベースとする「ヲ」族企業とは違った「ニ」族企業独自の集団による新製品、新事業開発のしくみを再構築できれば勝てそうである。

□4. 企業の各部署はそれぞれがグループであるが、その中に「場」とサークルとチームが常に共存しているような組織体がつくれれば常に進化・変化を起こし続けることができる。

5 なぜ、儲けるのが下手なのか？

1 「収益モデル」の戦略フレーム

▼事業ライフサイクル段階に応じた儲け方がある

「ニ」族企業は儲けるのが下手である。事業規模が大きくなり、これから大儲けする段階になるとアジアの新興「ヲ」族企業に全部持っていかれてしまう。なぜ儲けるのが下手なのか。どこがまずいのか。その答えを見つけるためには**儲け方を事業のライフサイクルに沿って整理することが必要**である。

製品や事業のライフサイクル段階ごとに競争の仕方と儲け方は大きく異なる（**図表5．1**）。

最初の導入期には製品やサービスの「差別化」がキーワードである。数量はまだ大きく拡大する前であるから差別化によって付加価値を上げて価格を上げて売上高を増やす。

次の**第2段階の成長期**に入ると数量が大きく拡大する。価格については拡大競争のなかで低下していく。製品開発競争も激しさを増す。製品の機能・性能は高まるが、残念ながら価格に上乗せされるようなことはない。価格は据え置きか、さらに低下する。この第2段階でのポイントは**生産や販売や開発の効率化によるコストダウン**である。効率化の最大のキーワードは「**使い回し**」である。

さらに製品のライフサイクルが進んで**第3段階の成熟期**に入る。すると価格競争はさらに激しくなる。「ヲ」族企業の経営の教科書には成熟期に入ればば「金のなる木」となり、勝ち残ればそれまでの投資を回収でき、さらに大きく儲かるようなことが書かれているが、それは「ニ」族企業ではあり得ない。なぜなら、「ニ」族企業の辞書に「戦略的撤退」の文字がないからである。互いに競争している「ニ」族企業は赤字でも事業を続けるため、三つ巴、四つ巴の状態でさらに価格競争が進む。

このような厳しい価格競争の中で生き抜くためのキーワードは「**きめ細かさ**」である。営業におけるきめ細かさ、商品の品揃えのきめ細かさ、製造におけるきめ細かさが重要になる。売り上げ拡大とコストダウンの機会をきめ細かく拾って利益を維持、拡大することと言ってもよいであろう。**機会損失、取りこぼしを最小化するマネジメント**である。

▼ライフサイクル段階の最後は新興「ヲ」族企業との戦い

これで話は終わりではない。さらに競争が激しさを増してくる。アジアの新興「ヲ」族企業が大規模な工場をつくり、劇的な価格破壊による新規参入をしてくるのもこの段階である。「ニ」族企業の小手先の海外生産によるコストダウンでは追いつかない。新興「ヲ」族企業とガチンコの勝負をするためには巨大な投資を迫られるわけであるが、大きなリスクが壁となって投資を見送ることとなる。結果として低価格競争の分野からは一歩退くこととなる。代わりに高付加価値製品分野への重点化というのは聞こえがいいが、一種の逃げの戦略ともいえる。

欧米の「ヲ」族企業はどうであろうか。過去日本が高度成長していた時代に欧州「ヲ」族企業も今の日本と同じような状況に遭遇した。建設機械やオートバイ事業のように、日本企業に敗北した企業もあったが、一部の「ヲ」族企業では日本企業とのガチンコ勝負を避けると同時に、リスクを負わずに事業を継続し、収益を上げ続けることに成功した。そのキーワードは「**梃（てこ）**」であった。当時の日本企業をうまく利用して事業の継続と収益の拡大を

４つの収益モデル

◇第一は：“**差別化**”をすること。⇒（付加価値の最大化）
しかし、差別化は常に追いつかれ、その優位性は失われていく。
差別化だけでは事業経営はできない

◇第二は：“**使い回し**”を徹底すること。
効率化とは使い回しをとことんやること。　⇒（効率の最大化）

◇第三は：“**きめ細かさ**”を徹底すること。
無駄、取りこぼしを最小化することにつながる。
⇒（ムダと機会損失の最小化）

◇第四は：“**梃（てこ）**”の活用。
蓄積された技術・ノウハウ、ブランドを
新興「ヲ」族企業相手に徹底的に利用、活用する。
⇒（リスクを最小化して儲ける）

「二」族企業ではこれらのことをある程度はやってきた。
さらに戦略的、システム的に徹底してやれば収益は大きく改善する

◇「差別化」と「使い回し」、そして「きめ細かなムダ取り」は
既に課題として認識されているので、さらに推進する

◇「きめ細かな機会損失の最小化」と「梃」による海外「ヲ」族企業
の活用は手つかず状態
→まず、経営の土俵に上げることから

◇特に、新興国に追われる側の対応としての「梃」は、タイミングが
非常に重要

図5.1 「収益モデル」の戦略フレーム

①製品・サービスの差別化で儲ける
（付加価値の最大化）

◇製品・サービスの差別化だけに
頼った経営は危険

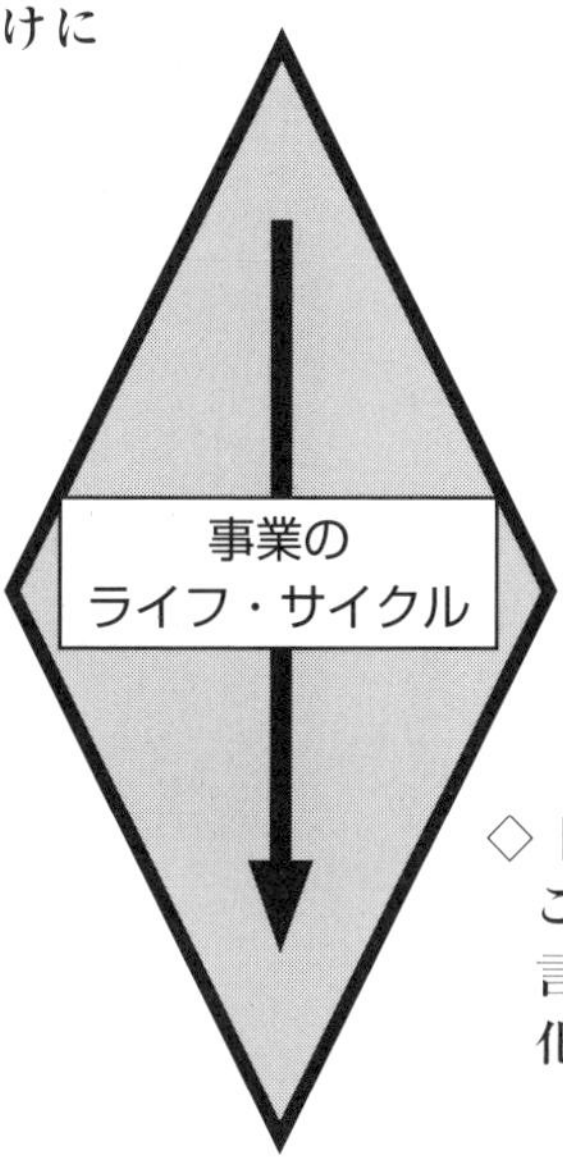

③きめ細かさで儲ける
（機会損失の最小化と
ムダ取り）
- **トヨタ生産方式**
- **リベニュー・マネジメント　など**

◇ムダ取りの代表格は
トヨタ生産方式
◇機会損失の最小化の
代表格は
RM：Revenue Management

②使い回しで儲ける
（効率の最大化）
- **モジュール化**
- **共通化**
- **共有化**

◇「効率化」ではなく「とことん使い回し」という言葉で探すと新たな効率化の芽が見える

④梃（てこ）を利かして儲ける
（抱え込むリスクの最小化）
- **ライセンシング**
- **マイナー合弁　など**

◇新興「ヲ」族企業に追われる事業のマネジメントの再構築

◇新興国「ヲ」族企業とのガチンコ勝負を避けるには？

◇家電（白物、情報）、半導体事業の反省を生かす

◇欧州企業の儲け方を学習する

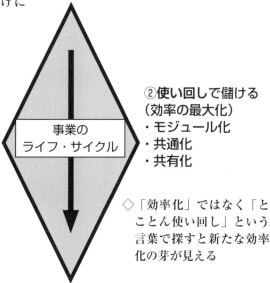

果たしたのである。日本企業も今後「梃」を使うことによって長期的な事業存続と収益拡大を実現できるはずである。この「梃」についてはあとで詳しく述べることにする。

儲けることが下手な「二」族企業も事業のライフサイクルに沿った、「差別化」→「使い回し」→「きめ細かさ」→「梃」を再認識し、実践することで今後もっと儲けることができる。

2 「使い回し」のマネジメント

▼オペレーションとイノベーションにおける「使い回し」

「使い回し」と効率化とはほぼ同じことである。「使い回し」の対象にはオペレーションとイノベーションの2通りある。ひとつは、**オペレーション（仕事）の流れを速くするための「使い回し」**である。そのために製品の絞り込み、標準化、規格化、共通化、モジュール化などで「使い回し」が最大化され効率が上がる。スポーツで例えれば陸上競技の100メートル競走がこれにあたる。何しろ真っ直ぐ速く走れば勝てる。これについては工場の生産性向上など、「二」族企業では日常的に流れを速くする効率化のために多くの努力がなされてきた。

もう一つは**イノベーションのための仮説検証や試行錯誤を迅速にするための「使い回し」**である。新製品開発、新事業開発、技術イノベーション、企業革新など、進化・変化を効率的に創出する〝迅さ〟である。スポーツに例えればサッカーのシュートである。チャンスボールがきたら、瞬時に状況判断をして、最適な動きを選択して体をひねって迅速にシュートする。状況判断と臨機応変の迅速なトライ&エラーを実施する〝動き〟の「使い回し」が成功のキーである。

日本企業は仕事の流れを速くするオペレーションにおける「使い回し」についてはその重要性を認識

し、学習済みだが、イノベーションとしての進化・変化を効率的に生み出すための〝動き〟の共有化とその「使い回し」については個人力に頼っている状況であり、まだ発展途上である。「二」族企業の生命線が進化・変化のスピードであることを認識し、さらに学習、実行する余地がまだ多く残されている。

▼一粒で5度おいしいビジネスづくり

「使い回し」による事業展開の例として日経新聞がある。情報素材を使い回して利益を高めるビジネスモデルである。一つのニュースのネタをまず日経新聞に使い、次にそれを日経産業新聞でも使う。さらに日経ビジネス（経営雑誌）、日経メカニカル（専門雑誌）、日経情報ストラテジー……、日経セミナー事業という具合に一つのネタを使い回して効率よく稼いでいる。

メーカーでも自社の中核製品を使い回して下流のビジネスに事業展開する例は沢山ある。素材→部材→機器、部材→機器→システム、部材→機器→サービス、機器→システム→エンジニアリング→保守サービスなど中核製品を「使い回し」て下流のビジネス領域で収益をあげることができる。ゼロからではなく、**既に持っているコアコンピタンス（中核能力）を使い回すことで利益を高める**可能性が沢山ある。ただ、前提条件がある。事業カルチャーの壁である。これについては、詳しく後述する。

▼リピート率

システム事業が儲からない原因にリピート不足がある。一般的にみて、初めて手掛けるシステム構築では想定外のトラブルが多く、儲けることが非常に難しいものである。しかし、同じシステムを再度受注すると、初回に使った図面や、トラブルリスト、外注先などの使い回しができ、容易に黒字化が可能である。リピートオーダーが3回以上つづけば、ほとんど全ての業務において使い回しができることから、プロジェクトの収支は笑いが止まらないほどの真っ黒けになるのである。

ソリューション型システム事業の成功要因がプロジェクトの規模や全体の受注高ではなく、**リピート率で収益の勝負が決まる**という背景に「使い回し」の重要さが隠されているのである。

3 「きめ細かさ」のマネジメント

▼ナノレベルのきめ細かさ

営業部門にワン・ツー・ワン・マーケティングという言葉がある。一人ひとりの消費行動を把握して適切な商品、サービスを提供しようという考え方である。これを文字通り計算すると、現在世界の人口は70億人を超えているから、一人ひとりということは70億分の1のきめ細かさで対応しようという考えである。

一方、技術部門にはナノ・テクノロジーという言葉がある。ナノとは10億分の1のことで、10億分の1メーターの精度、きめ細かさで技術開発をすることである。偶然ではあるが、マーケティングも技術も10億分の1というレベルのきめ細かさのレベルまで来ているわけである。

▼きめ細かく機会損失を最小化する

市場が成熟段階に入ると、従来の画一的なやり方では売り上げが伸びなくなる。成長時代の発想から抜け出せていない企業では大きなまとまった市場や顧客層を集中的に攻めてごっそり稼ごうとする傾向が残っている。一見選択と集中をした優れたマネジメントのように見えるが、結果がついてこない。

そこで、選択と集中ではなく、成熟段階では全体の市場のパイが拡大しないことから、商品や市場をきめ細かく設定して、取りこぼしを最小化することによる売り上げ拡大が必要になる。多くの企業の営業マンが、「市場が成熟しているから、数量も増えないし、競争で価格も下がるから売り上げが伸びないのは当たり前だ。新製品、新事業に力を入れるべきだ」と言うが、これは間違いである。**成長期と成熟期では事業の考え方を180度変える必要がある。**成熟期では「きめ細かな営業を行ない、取りこぼし、機会損失の最小化によって売り上げを伸ばす」こと、「差別化されていない製品、サービスから利益を汲み上げる」ことが営業マンの役割、ミッションなのである。

▼外に向けての大きなムダ取りができていない

きめ細かなムダ取りが高収益化にとって必須である。「ニ」族企業では省エネ運動から文房具まで経費節減の対応をしてきた。日常業務においても不要な文書、通達などの簡素化が進められてきた。このような、内向きのムダ取りはそのまま継続するとして、今後は、さらに外に向けての大きなムダ取りを「ニ」族企業は進めなければならない。客先との契約の不備、外部調達、外注など対外的なマネジメントの機能不全、客先との交渉力不足などに起因する目に見えない外向きのムダがある。それらは、内向きのムダ取りとは桁違いの大きなムダである。国内「ニ」族企業間での暗黙の了解に基づく〝甘い〟商習慣は海外「ヲ」族企業との取引では、本来払わなくてもよい巨大なコストとなって収益を圧迫することになる。

4 「からめて門」のマネジメントは落第点

▼有史以来、初めて追われる側になった「ニ」族企業

日本は古くは中国、朝鮮から、江戸時代には長崎の出島からオランダ経由で、明治以降は欧米から直接モノとサービスを導入してきた。特に明治以降、日本の「ニ」族企業は欧米の製品やサービスを導入し、それをコピーすると同時に欧米の原型以上に磨き上げて良いモノやサービスを世界に送り出してきた。単に真似をしてコピー製品を創るのではなく、常に磨き続けて成長してきたのである。自動車や機

械に限らず、コンビニや宅急便といったサービス分野でも磨き続けている。

一方、韓国と中国の「ヲ」族企業はあまり磨くことは考えていないようである。彼らにとって重要なのはコピーするスピードであって、驚くほどの速さでコピー商品を世に送り出している。「ニ」族企業のようにじっくり磨くのではなく、「ヲ」族企業の特質なのか、事業の急速な拡大に重点が置かれている。

ある日本の半導体製造装置メーカーが韓国の「ヲ」属企業に装置を輸出したのであるが、それから間もなくしてその装置のコピー品が出回るようになった。その装置メーカーが調べてみると、自分たちが設計ミスしたところまで正確にその通りコピーされていたそうである。笑うに笑えない実話である。

▼半導体と家電には油断があった

こんなにも早く追われる立場になったのは「ニ」族企業側に油断があったとの指摘もある。日の丸半導体が華やかに世界をリードしていた頃、日本の電機会社は自分たちの技術力を過信し、韓国の「ヲ」族企業に何の警戒もせずに製造ラインを全部見せていたそうである。そのような油断もあって、気がついたらあっという間に韓国が半導体の生産量で世界をリードするようになってしまった。そのような経緯もあって、日の丸半導体は苦境に追い込まれてしまった。

家電も同じ油断であった。残念ながら今日インドや中国などの大市場での「ニ」族企業の存在感は小さい。多くの「ニ」族企業はハイエンド品にこだわり、ボリュームゾーンを軽視したからであるといわれている。

そんななかにあって幸いにも二輪車メーカーは元気である。戦後のヨーロッパの二輪車メーカーがボリュームゾーンを日本企業に明け渡し、結局壊滅した教訓を学んでいたためか、ホンダやヤマハはアジアの市場でボリュームゾーンにこだわり、これを死守して現在も元気である。家電の「ニ」族企業では残念ながらヨーロッパにおける新興国に追われる側の教訓が生かされることはなかったのである。

有史以来、追われる立場のなかった「ニ」族企業は表口として先進諸国のモノやサービスを取り込むために立派な大手門を持っていたのであるが、裏口である「からめて門」のマネジメントがまことにお粗末で、技術やノウハウが新興「ヲ」族企業にじゃじゃ漏れになっていたわけである。

▼梃《てこ》として、新興国企業を活用する

コストダウンを目的とした海外企業活用は既に進んでいる。間接業務のアウトソーシングなど、事業の中核機能でない部分を切り出してアウトソーシングしてきた。

例えば、コンピュータソフトのプログラミングを人件費の安い中国やインド、ベトナムの企業に委託することは既に常識になっている。高収益化に向けて、さらなる外部活用が進められるであろうし、それを受ける新興国の企業のレベルも十分上がってきている。

しかし、ネクスト・ステージでは**従来のコストダウンを主目的とした新興国企業の活用から脱皮しなければならない**。今や、「ニ」族企業の競争相手となりつつある、いや既になってしまったレベルの高い新興「ヲ」族企業をうまく活用することを考え、そして実施しなくてはならない。

大規模で低価格戦略で優位な事業展開をしている新興国「ヲ」族企業に「ニ」族企業が正面からガチンコ勝負を挑んでも勝ち目はない。ネクスト・ステージにおいて、「ニ」族企業は追われる立場での新しい戦略を学ばなければならない。ガチンコ勝負ではなく、新興「ヲ」族企業に入り込み、彼らのエネルギーを活用するのである。

答えは既に欧州企業の中にある。戦後の新興国であった日本企業の猛烈な追撃をかわして今なおグローバルに存在感を示している欧州企業に学ぶことは多いはずである。欧州企業は韓国や中国でも存在感が大きく、決して中国企業や韓国企業に負けては

いない。日本の「二」族企業が新興国企業に追いまくられ、苦しんでいる姿とは対照的である。具体的な方法についてはⅡの第1章（グローバル展開のリセット）で詳しく説明することとする。

儲け方のライフサイクルという戦略フレームに沿ってチェックすれば収益を上げることのできる可能性を沢山みつけることができる。まだまだ我ら「二」族企業は宝の山の上に乗っかっているわけである。

まとめ：

1. 製品や事業にはライフサイクルがあるが、ライフサイクル全体を通しての利益の最大化を実現するという考え方が重要である。
2. ライフサイクルの段階ごとに儲け方の重点ポイントは大きく異なる。まず、製品・サービスの差別化がある導入期は強気の価格設定。つぎの成長期は「使い回し」（効率化）。成熟期は「きめ細かさ」（ムダ取り、機会損失最小化）。そして、超成熟期は「梃」（低リスクでの新興国企業活用）である。
3. 特に、成熟期での大きなムダ取りと機会損失の最小化のマネジメントは重要である。
4. また、新興国企業に対して勝ち目のないガチンコの価格競争を避け、うまく彼らを活用して撤退や買収をされずに事業を存続させる戦略が必要とされる。
5. 追いかける側の戦略は得意であったが、追われる側の戦略と実施は未経験であった。今後は欧州企業を参考にして「からめて門」の戦略マネジメントが必要とされる。

ネクスト・ステージに向けてのセルフ・チェック

▼脅威

□1. 高付加価値化による業績アップということで、製品・サービスの差別化ばかりに頼っていないか？

□2. 効率化のアプローチがマンネリ化していない

か？　効率化の原点である「使い回しの最大化」という視点でとことん進めているか？

□3．小さなムダ取りはやっているが、桁違いに大きなムダ取りをやっているか？　例えば、「ヲ」族企業との契約上の大きなリスクの回避や、交渉力である。

□4．先進国や新興国の「ヲ」族企業をうまく使えていないのではないか？　逆に使われているのではないか？

□5．自社の製品や事業について、ライフサイクル段階に対応した儲けの定石を共有していないのではないか？

▼可能性

□1．ライフサイクル全体で儲けるという考え方を徹底すれば、まだまだ業績をあげることができるのではないか？　特に、機会損失の最小化のマネジメントはＩＴ化の進展とともに、その可能性が大きい。

□2．資本参加や合弁事業で新興国企業をうまく活用すれば、彼らとのガチンコ勝負を避けることができると同時に、成長市場への低リスクの参入が実現するのではないか？

□3．予め、技術提携やライセンシングのタイミングを計算して、新興国企業に抜かれる前の段階で、彼らが連携を望んでいるタイミングで合弁や資本参加する、このようにして事業の優位性を持続できるのではないか？

II 「ニ」族企業の逆襲

1 グローバル展開のリセット

事業カルチャーとは一言で言えば自社流のビジネスのやり方である。知見の壁とは新たな市場や製品技術、サービスノウハウに対する知識と見識である。自前主義で進めるとすると、この二つの壁を乗り越えるのに非常に長い年月を要する。時間が緩やかに流れていた時代であればそれも許されるが、もう少しスピードアップしたいものである。そこで、仏教の自力本願、他力本願ではないが、「自力」と「他力」を使う戦略的マネジメントが「ニ」族企業にも必要とされる。経営者は事業の戦略的展開の戦略とシナリオを、「自力」と「他力」の事業戦略フレームで整理しなくてはならない。

図1．1は横軸に既存事業と新規事業開発をとり、縦軸に自力展開と他力展開に分けたマトリックス図

1 「自力と他力」の戦略フレーム

▼事業カルチャーの壁と知見の壁

「ニ」**族企業は自前主義になる傾向が強い**。自社の人、モノ、カネ、情報という経営資源を社内で緻密に擦り合わせて事業展開するからである。堅実な経営という面で評価は高いが、一方では展開の幅や規模が限定されてしまい、小さく固まった事業展開にとどまってしまう。もう少しダイナミックな事業展開をするためには二つの大きな壁を越えなければならない。**事業カルチャーの壁と知見の壁**である。

である。ここで**「自力」とは、自社が事業の主導権をとって展開する**という意味であり、**「他力」はパートナー企業に敢えて主導権を持たせて展開する**という意味である。

補完的に他社と連携するという程度の意味ではない。

▼「自力」で既存事業の拡大・深耕

既存事業を自社が主導権をとって拡大・深耕する場合が第Ⅰ象限である。独資で海外進出する例、国内同業他社を買収する例、東レとユニクロのようにベスト・パートナー型で既存事業の新製品開発をする例など、色々な拡大・深耕の手段がある。いずれも自社がよく知っている事業の範囲であり、勝手知ったる事業展開のやり方で進められるから、自社が主導権をとった事業展開を進めても大きなリスクはない。自社が主導権をとるという意味で「自力」である。

▼「自力」で新規事業開発

第Ⅳ象限は自社が主導権をとって展開する新規事業である。自社の既存の事業と同じようなやり方（同質事業カルチャー）で進めることができる新規事業群である。この象限では、異業種の企業や、分野の異なる技術を持った企業を買収、または技術導入によって新たな市場や技術の知見を獲得して、既存事業と同じ自社流で新規事業開発を進める。

買収による事業拡大で大きく成功している日本電産が典型的な例である。本業であった精密小型モータと同じビジネスのやり方で事業展開できる精密メカトロニクス部品やエレクトロニクス部品メーカーを次々に買収し、その業績を回復させ、さらに伸ばし続けている。

▼しばらく「ヲ」族企業に任せてグローバル展開

既存事業であっても海外では商習慣をはじめとして、国内流あるいは自社流が通用しない。事業カル

Ⅰ　◇一般的な国内同業他社買収
◇独資での海外進出
◇東レがユニクロと既存事業で新製品開発

Ⅱ　◇ダイキンと格力電器（エアコンのmJV）
◇マルチ・スズキ・インディア（軽自動車のmJV）
◇日立とJC（空調グローバル展開、日立40%）
◇森精機とDMG（独）（工作機械、資本参加→子会社化）

Ⅲ　◇戸田工業がBASFとmJV（電池正極）
◇イオンモール34%、ホットランド66%コーヒー
◇ZNP34%、DeNA66%ロボットタクシー
◇ヤマト49%、仏Neopost51%（宅配ロッカー）

Ⅳ　◇日本電産がコパル電子をM&A
◇一般的な技術・製品導入型の新事業開発

図 1.1 「自力と他力」の戦略フレーム

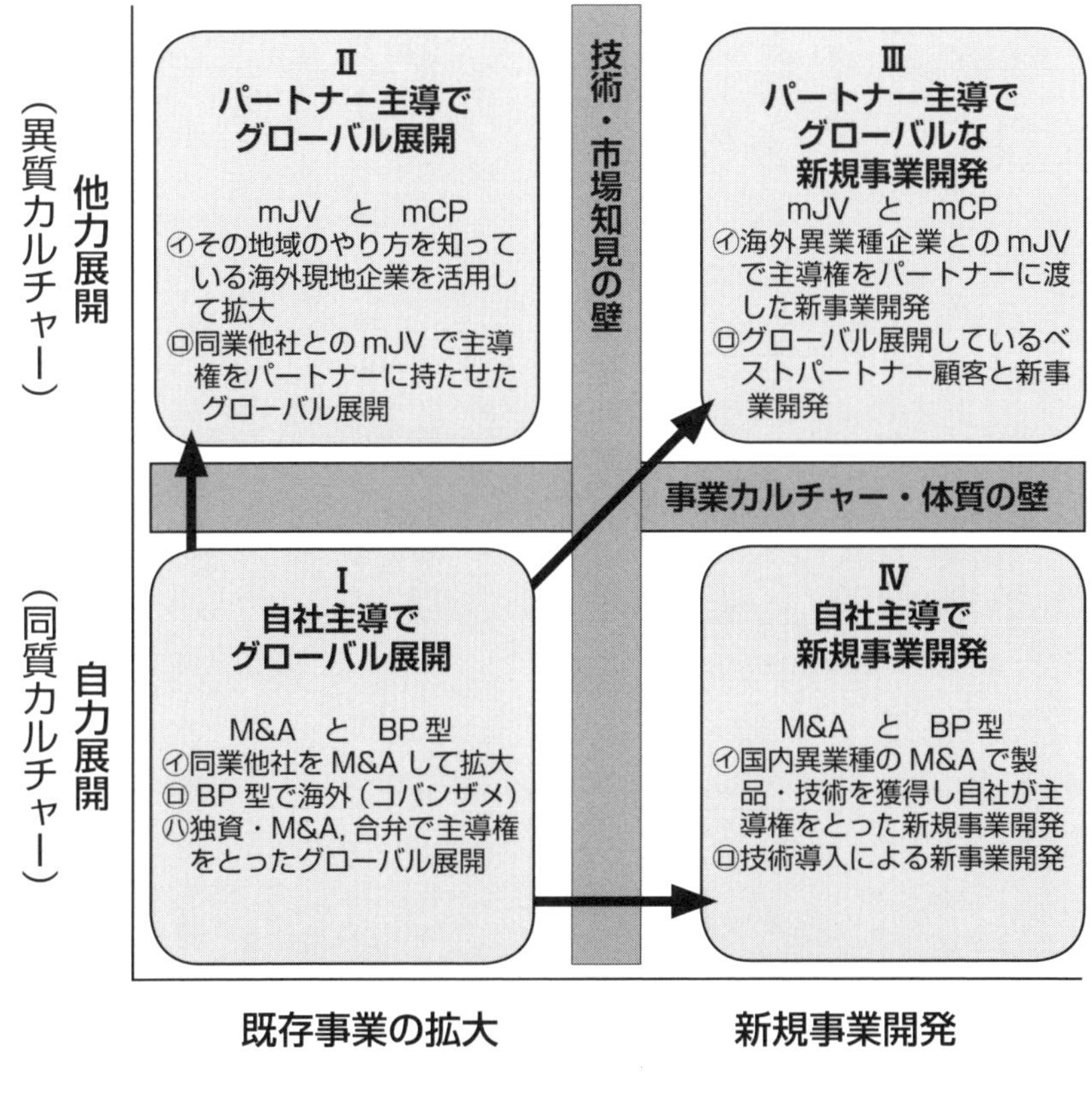

同質カルチャー：既存と同じような事業展開のやり方
異質カルチャー：欧米型マネジメントや地元特有の商習慣など

mJV、m CP の目的は：
①比較的低リスクで
②早期立ち上げと
③内側からの情報収集

M&A：合併・買収
mJV：マイナー合弁事業
mCP：マイナー資本参加
BP　：ベスト・パートナー型

チャーが全く異なるわけである。こんな場合はその地域のやり方を熟知している現地企業と組んで進めることで迅速に事が進む。第Ⅱ象限がそのケースである。

海外で新規事業を立ち上げる場合も同様である。この場合は、事業カルチャーの壁と製品・市場に関する知見の壁の2つを同時に越えなければならない。第Ⅲ象限がこれにあたる。**「ヲ」族である海外企業との組み方**は、パートナー企業の知恵とエネルギーを最大限活用する意味で、資本参加にせよ合弁会社設立にせよ**マイナーな出資比率に抑えたほうがよい**。10%~30%程度にとどめておくことが非常に重要である。海外の現地企業や合弁会社への出資比率を自社が主導権を持つために51%以上という数値にこだわることが多いが、それは同時に大きなリスクを背負うことにもなる。パートナーが「おんぶにだっこ」とばかり、こちらに頼るリスク、撤退障壁のリスク、そして何よりも最大のリスクは現地流を熟知していない日本本社が主導権をとり、自社流を押し付け、結果として事業展開が迷走することである。そうではなく、**自社と相性のよい、信頼できそうな現地企業を予め時間をかけて見つけておき、その会社に主導権をとってもらって展開する**のがベストである。もちろん、無防備ではなく、押さえるべきところは押さえての話である。

こうして始めるが、いつまでもマイナー合弁や、マイナー出資を続けるとは限らない。3年~5年を経て、異質な事業文化を吸収し、知見を獲得した後に初めて次の一手としての事業展開を考えればよい。土地勘のない地域、事業文化のところにいきなりM&Aは無謀である。

昨今、M&Aブームで悲惨な結果に陥っている「ニ」族企業の話が多い。

2 「ヲ」族を活用したグローバル展開

▼第Ⅰゾーンへの展開——米国企業を活用する

Ⅰの第1章の「繁殖領域」の戦略フレームでは「ニ」族企業は第Ⅳゾーンでの存在感はあるが、他のゾーンでは「ヲ」族企業に覇権を譲っていること、そして他のゾーンとの境界領域での熾烈な攻防戦を演じていることを説明した。では、「ニ」族企業は他のゾーンの事業への進出を諦めなければならないのかといえば、決してそうではない。**「ヲ」族企業と組み、彼らを活用することで不得手なゾーンでの事業展開は十分可能**である（図1．2）。

例えば、空調事業で元気なダイキン工業は典型的な「ニ」族企業である。本丸である第Ⅳゾーンでは高品質高性能なパッケージエアコンで世界での存在感を示している。この他に二の丸の事業として、ダイキンではシステム空調事業も展開している。これは米国で使われている空調方式で、巨大な冷凍機から、ビル全体にダクトのシステムを張り巡らせるやり方である。ここは伝統的に米国企業が強い。まさに第Ⅰゾーンの事業である。ダイキン工業では、自力でこの空調分野に進出しようとしたが、思うように実績を出すことができなかった。そこで、「ヲ」族の米国企業を買収して、本格的に米国市場での事業展開を進めた。

この時、ダイキン工業では買収した「ヲ」族企業にシステム的な事業展開の主導権を任せる一方、自社の強みである個々の高性能な機器、コンポーネントとの相乗効果を高めることに注力した。**「ヲ」族企業には全体のシステムを任せ、「ニ」族企業である自社は個々の機器を高性能化する**という、互いに餅屋は餅屋の論理で成功させたのである。

▼第Ⅱゾーンへの展開——欧州企業を活用する

第Ⅱゾーンでの「ニ」族企業の存在感は、特に高級ブランドの分野では全くない。「ヲ」族の欧州企業の独壇場である。イタリアの企業は高級ブランドづくりが得意である。日本の素材企業は高機能、高性能の材料を工業化する力をもっている。この二つが合わさって成功した例がアルカンターラ・ブランドである。東レは極細繊維の開発に成功した。さらに極細繊維用の織機も開発した。バックスキンに似た風合いを持つ布を日本国内ではエクセーヌというブランドで事業展開するとともに、イタリア企業と組んでアルカンターラというブランドをつけて高級路線で販売した。高級ブランドづくりが成功して日本の市場価格の倍以上で欧州で取引されるようになったのである。

▼第Ⅲゾーンでの生き残り——新興国企業を活用する

２００８年に日本の空調機大手のダイキンと中国の大手格力電器の間に企業提携が成立した。内容はダイキンの虎の子の技術であるインバータエアコンの生産委託と共同開発である。両者で合弁会社をつくり、ダイキンのインバータ技術を供与してライセンス生産と共同開発をすることになった。これによって、格力電器はインバータという今後の事業展開に欠くことのできない省エネ技術を手に入れることができた。一方、ダイキンは従来のハイエンド製品に加えてボリュームゾーンの製品を手に入れることができ、世界市場でさらに存在感を高めることになった。日本市場への逆輸入による国内シェアアップの武器にもなった。

現在、日本の家電メーカーは厳しい状況下にあるが、ダイキン工業が実施したような提携を中国大手家電メーカーと適切なタイミングを見計らって進めていたら状況は大きく変わっていたかもしれない。過ぎてしまったことは取り返しがつかないが、家電に限らず量産型汎用品ビジネスを営んでいる「ニ」族企業の経営者はひとつの選択肢として真剣に検討する価値はある。その場合、**予め戦略仮説を準備しておくこと**と、**タイミングの見極め**が最大のポイン

図1．2 「ヲ」族企業の活用

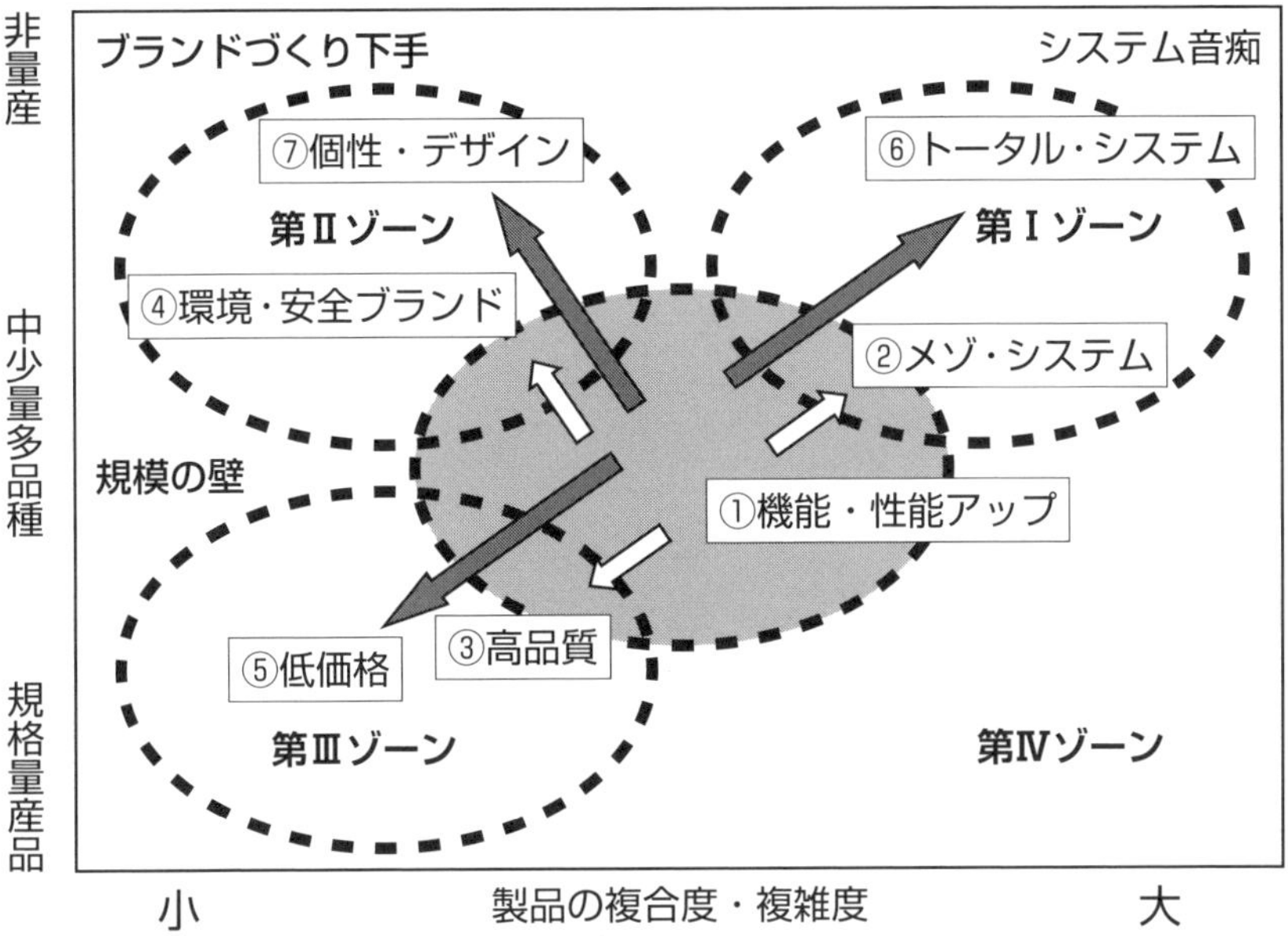

成長するグローバル市場で儲けることができる７つの可能性がある

◇自社の繁殖領域と周辺強化（自力型）

①機能・性能での差別化製品づくり

②業界標準をとれるメゾ・システム（自律した部分システム）づくり

③高品質モノ・サービスづくり

④環境・安全ブランドづくり

◇大規模・高リスク分野への対応

（新興「ヲ」族企業を利用・活用して進める）

⑤低価格量産型ビジネスづくり

◇グローバルの成長市場を攻めて獲得するために

（欧米「ヲ」族企業を利用・活用）

⑥トータル・システム、トータル・サービス事業への本格参入

⑦アジアでブランド確立（イタリア企業と組む）

トとなる。

ダイキンと格力電器の提携のもう一つの重要なポイントが**資材の共同購入**である。格力電器の生産台数はダイキンを大きく上回り、部材、部品の購買力もそのパワーは半端なものではない。このような超大手企業と資材を共同購入することで、ダイキン製品のコストを大幅に下げることにもなった。待ったなしのコストダウンが要求される中で、格力電器との共同購入はダイキンにとって、まさに渡りに舟であったわけである。

グローバル展開の
最初のステップは
マイナー合弁だ！

3 マイナー合弁の勧め

▼51%に固執しない

海外「ヲ」族企業を買収したり、合弁事業を進めることがブームになっている。しかし、「ニ」族企業は想定以上の人とエネルギーをつぎ込む結果になっているケースも多いようである。特に51%以上の株式を取得し、「ニ」族企業側が経営の主導権を持つ場合は異文化の中で結果を出すのが大変である。最悪のケースでは、海外のパートナー企業は「おんぶにだっこ」のような形で、「ニ」族企業側からの支援をただ口を大きく空けて待っているような状況に陥っているという。こうなると「ニ」族企業から技術者達を大量に送り込まなければならず、大きなコストがかかることになる。既に述べたダイキンの場合はパートナーである格力電器が過半数の株式を取得し、格力電器側が主導権をとって事業展開が進められた。ここが非常に重要なポイントなのである。格力電器側の自助努力により、ダイキンが注入するエネルギーは大きく軽減された。合弁のパートナーに敢えて主導権をとらせて、合弁企業を拡大してもらい利益配分にあずかるというわけである。

ダイキンと格力電器の合弁はこれまでのところ成功しているように見える。しかし、今後の両社の力関係で大きく状況が変わることもありうるわけで、ダイキンは次の戦略的展開に備えて、中国市場の知見と、事業カルチャーの吸収を怠ることなく実施しなければならないのである。

▼低リスクのグローバル展開の手段としてつかう

マイナー合弁方式は、4つの大きなリスクを避けてグローバル展開するにはよい方法のひとつである。

4つのリスク回避とは、①**大きな投資資金リスクを回避**②**自力では時間がかかり過ぎるリスクの回避、**③**パートナー企業の「おんぶにだっこ」リスクの回避、**④**撤退障壁のリスク回避**、である。

①と②のお金と時間については、予め多くの検討がなされるが、買収後、あるいは合弁会社設立後に起こる③と④のリスクは「ニ」族企業の性善説なのであろうか、事前検討が甘く、結果として想定外のトラブルと出費を余儀なくされることが多い。

▼欧州「ヲ」族企業の当たり前のやり方

欧州のボッシュ社もライセンスを巧みに使って、マイナー合弁方式で世界での優位性を構築、維持している。ボッシュは自動車部品、電動工具、など多角的に事業を展開しているが、かつての日本や現在の新興国への展開の手段として合弁とライセンスを戦略的に活用して成果をあげているようである。合弁とライセンス供与で新興国の中に入り込み、十分な情報力を確保したうえで、適切な買収をしていく。新興国でのビジネスは投資の規模も大きく、リスクも巨大であるため、リスクを最小化するやり方としてのマイナー合弁は大きな役割を果たしているといえる。

▼ネクスト・ステージが本番

マイナー合弁方式はあくまでグローバル展開の最初のステップであって、永続的にこの形でいくわけではない。よくわからない進出先の状況という中で、低リスクでグローバル展開する方法であり、**最初のステップ**と捉えるほうがよい。マイナー合弁という手段で、早期に事業を立ち上げるとともに、**早急にその事業カルチャーと業界や市場の知見を獲得すること**が最重要である。3年から5年後のネクスト・ステージの戦略展開が本番であって、そこに至る通過点と位置付けるのである。合弁のパートナーに恵まれて、そのまま合弁を続けるもよし、そうでなければ合弁を解消して独資で拡大するのもよい。重要なことは、自らの目と、耳と足で事業カルチャーと知見をできるだけ早く吸収することである。

▼エース人材のＯＪＴ

マイナー合弁事業では、ネクスト・ステージの戦略展開に向けて迅速な事業カルチャーと業界・市場の知見吸収がポイントとなる。パートナー企業にマイナー出資する場合も同様である。そのためには、当たり前のことであるが超優秀なエース人材を最低1人送り込むことである。二流三流の人材を送り込むぐらいならマイナー合弁やマイナー出資などやめたほうがよい。エース人材に、次の段階の事業戦略をつくり、それを実施できるだけのものを短期間に吸収することをミッションとして明確に与え、そして、それができる人材を選抜して送り込んでこそ意味がある。グローバル人材の育成の重要さが叫ばれているが、マイナー合弁はそのＯＪＴのための最も適した環境でもある。

まとめ：

1．グローバルに事業展開する場合、自力による展開と他力による展開の二通りある。

2. 自力展開は自社流を海外の現地でも貫くやりかたである。自社流の事業カルチャーを移植するのに多くの時間を要するが、体力があれば可能である。

3. 多くのグローバル展開では、事業カルチャーの壁と知見の壁という2つの壁が立ちはだかっている。

4. この2つの壁を短期間で突破するためには、他力を活用することが有効である。

5. 他力を活用する手段として、買収や資本参加などあるが、特に出資比率を低く抑えたマイナー合弁は低リスクのグローバル展開の手段として有効である。

6. マイナー合弁方式で重要なことは、本番であるネクスト・ステージの戦略展開に必要な事業カルチャーの吸収と、市場・業界知見の早期の獲得である。

7. そのためには、エース人材を送り込むことが必須条件である。

8. 金銭的負担の少ないマイナー合弁、出資方式を活用することで、多様な海外市場へ同時に、かつ低リスクで進出することができる。

ネクスト・ステージに向けてのセルフ・チェック

□1. グローバル展開の方法において、「自力」と「他力」を明確に使い分けているか？

□2. 異質カルチャーの壁を甘く見て、自社が主導権をとってうまくいくと勘違いしてM&Aに走っていないか？

□3. 「ヲ」族企業の活用を前提とした、第Ⅰ、第Ⅲ、第Ⅳゾーンの繁殖領域へのグローバル展開に大きな可能性があると認識して、その戦略を策定しているか？

□4. 他力活用の選択肢として独資、マイナー合弁、マイナー資本参加、M&A、ベストパートナー型を使い分けているか？

□5. マイナー合弁方式でパートナーに主導権をと

らせることを恐れすぎていないか?

□6.「ヲ」族企業を活用するにあたって技術流出、ブーメラン効果に対して過剰なアレルギーになっていないか?

□7.欧州企業が得意な新興国企業とのマイナー合弁のやり方を学習しているか?

□8.日頃からマイナー合弁相手を探し、信頼性や相性の良さをチェックしているか?

□9.マイナー合弁を仕掛けるにあたって必要とされる、自社の〝売り〟を日頃から整理して、切り札として磨き、予め準備しているか?

□10.資金不足、人材不足を理由にグローバル展開を諦めていないか?

2　新規事業開発のリセット

1　「事業カルチャー」の戦略フレーム

▼新規事業開発の鉄則は成長、地続き、独自性

新規事業開発を成功させる条件は3つある。成長性、地続き性、独自性である。

成長性は文字通り成長市場の事業をねらうことであって、追い風の中で新規事業開発をすることが成功の確率を高め、大きく成長することになる。変化市場も一種の成長市場ととらえてよい。電気自動車などは、自動車産業の大きな変化点であり、異業種から新規参入する機会を与えている。成長分野はいつの時代にも数分野ある。新エネルギー、環境、福祉介護、医療などが昨今の成長分野である。

地続き性は既存事業と何らかのつながりがあることで、全くの飛び地は知見も乏しく、その意味でリスクも高い。地続きであれば何らかの自社の強みが生かせる可能性もある。

独自性は差別化のことで、他社にはない特長を製品やサービスに乗せることができれば顧客に選ばれて事業は成功する。

これらの3つの条件の内、特に注意したいのが地続き性である。地続き性をどう捉えるかで、将来の自社の事業構造が大きく変わるからである。

▼地続き型の新規事業開発は6種類

既に述べたように、米国の経営学者エイベルの事業の定義に従えば、事業は顧客、技術、顧客から見た価値で定義される。地続き性も既存事業群の顧客、技術、顧客価値の3つの視点で整理すると分かりやすくなる（29頁）。

図表2.1はC、F、Tを頂点とする三角形のそれぞれの頂点から地続きの円を描いたものである。

地続きの新規事業は、その重なり方によって、①〜⑥に分類される。**既存事業の顧客関連（市場関連）の地続き性**で新規事業を創っていくのもよい。顧客、市場をよく知っているため判断しやすく、既存事業との営業面での相乗効果も大きいはずである。

次に**技術関連の地続き性**でもよい。コアとなる技術を新しい市場に展開することは定石である。ただ、技術シーズ型になってしまうのではなく、顧客ニーズとのドッキングが必須であることは言うまでもない。

Fの地続き性で上手に新規事業開発している企業もある。例えば、スリーエム社では「きれいに剝がれる」という顧客価値を地続きとしたポストイット（付箋）事業、バスや電車に貼る広告用フィルム事業、歩道のマーク事業などを展開して成功している。さらに、Fの地続き性で良いことは、新規事業群が「顧客価値の戦略フレーム」で説明した同じ勝ちパターンのプラットフォームの上に乗っかるわけで（28頁）、事業の勝ちパターンが拡散することなく選択と集中がなされた事業運営を実現できるからである。このFは事業戦略として重要であることを既に述べたが、同時に**事業カルチャーを作り上げている根幹部分**でもある。

Fは「なぜ、顧客が他社でなく当社を選んでくれるのか」であり、その一点に向けて社員が日夜考え、行動して作り上げてきたものであるから、まさに事業カルチャーそのものである。

実は、この**事業カルチャーの視点で新規事業を整理**することが新規事業の成功と失敗を分ける分水嶺になるのである。

▼同質事業カルチャーの新規事業

地続き型の新規事業の中で、①②③は既存事業と同じF（「顧客から見た価値」）を追求する事業カルチャーの新規事業である。これらを同質事業カルチャーの新規事業と呼ぶことにする。**同質事業カルチャーの新規事業の成功確率は高い**。

自社の技術や製品をベースとして新市場・顧客を対象とする場合、または、外部から新たな製品や技術を導入して既存市場・顧客を対象とする場合があるが、いずれも既存事業と同じようなやり方で新規事業を立ち上げ、そして展開するわけであるから、まさに「勝手知ったる」やり方で進めることができる。既存事業と同じやり方は既に社員に共有されているから、大きなトラブルはない。もちろん導入した製品や技術を知り、それを自分達のものとして吸収する努力は必要である。同様に、自社の技術や製品を全く新しい市場へ展開する場合も既存事業と同じやり方で進めることができる。同質事業カルチャー型の新規事業は成功の確率が高いといわれる所以である。

新規事業は明日の既存事業でもある。同質事業カルチャーの新規事業を次々に展開していくことは、すでに説明したビジネス・プラット・フォーム上の同じ勝ちパターンに事業が集中することでもある。**一つのビジネス・プラット・フォームへの選択と集中**がなされるわけで、高収益企業づくりの条件である。

同質事業カルチャーの新規事業の例としては、既に述べた日本電産が国内の精密部品会社を買収してそれを自社流で高収益事業に育て上げたケースが分かりやすい。

▼異質事業カルチャーの新規事業

既存のFの円の外側にある④⑤⑥は異質事業カルチャーの新規事業である。この異質事業カルチャーの成功確率は一般に低い。事業カルチャーの違いを

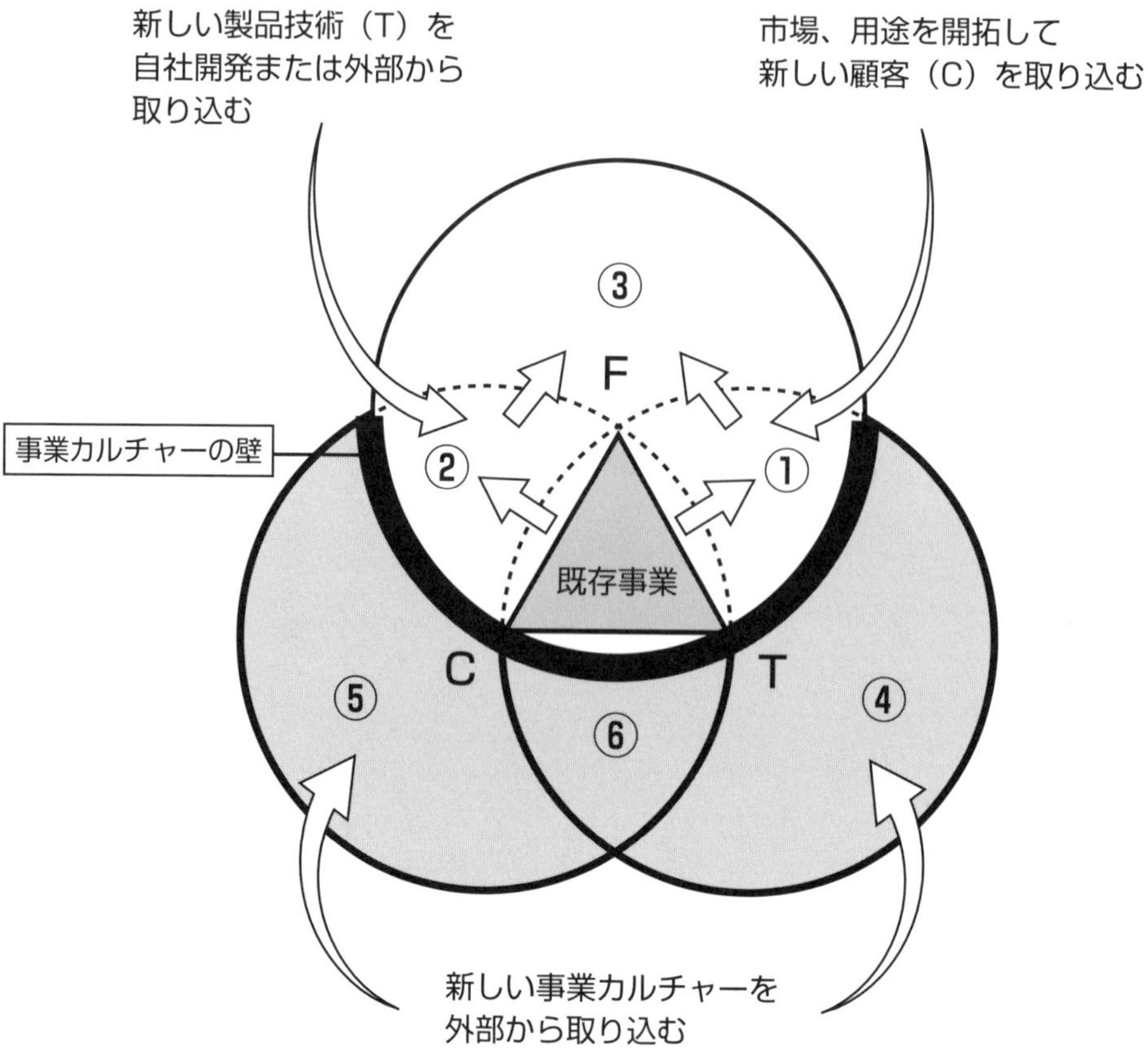

同質事業カルチャー
異質事業カルチャー

地続き型新規事業は６種類：
<同質事業カルチャーの新規事業>
①新市場開拓
②新製品技術
③新製品導入＋新市場開拓
<異質事業カルチャーの新規事業>
④新市場＋新事業カルチャー
⑤新製品技術＋新事業カルチャー
⑥新事業カルチャー

図2.1 「事業カルチャー」の戦略フレーム

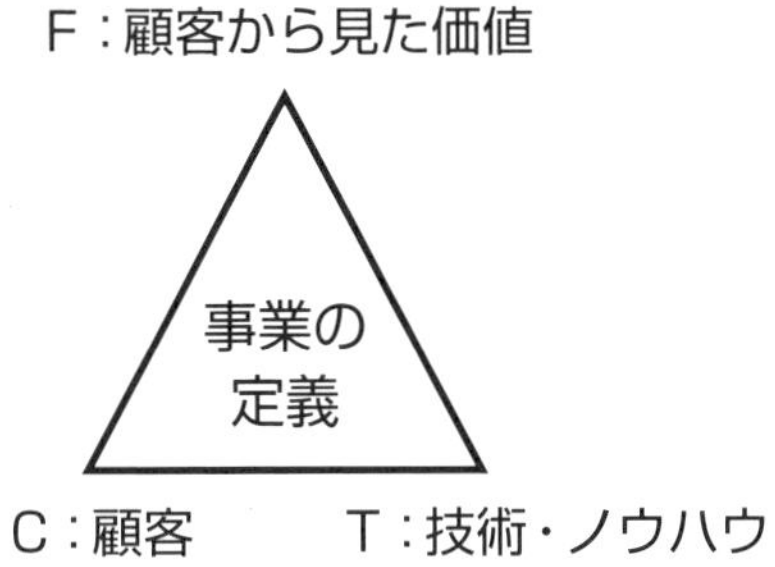

地続き性は３つある
①顧客（C）関連
既存顧客に関する知識・情報を活用できる新規事業
②技術（T）関連
既存技術ノウハウを活用できる新規事業
③顧客価値（F）関連
既存事業と同様な顧客価値の新規事業

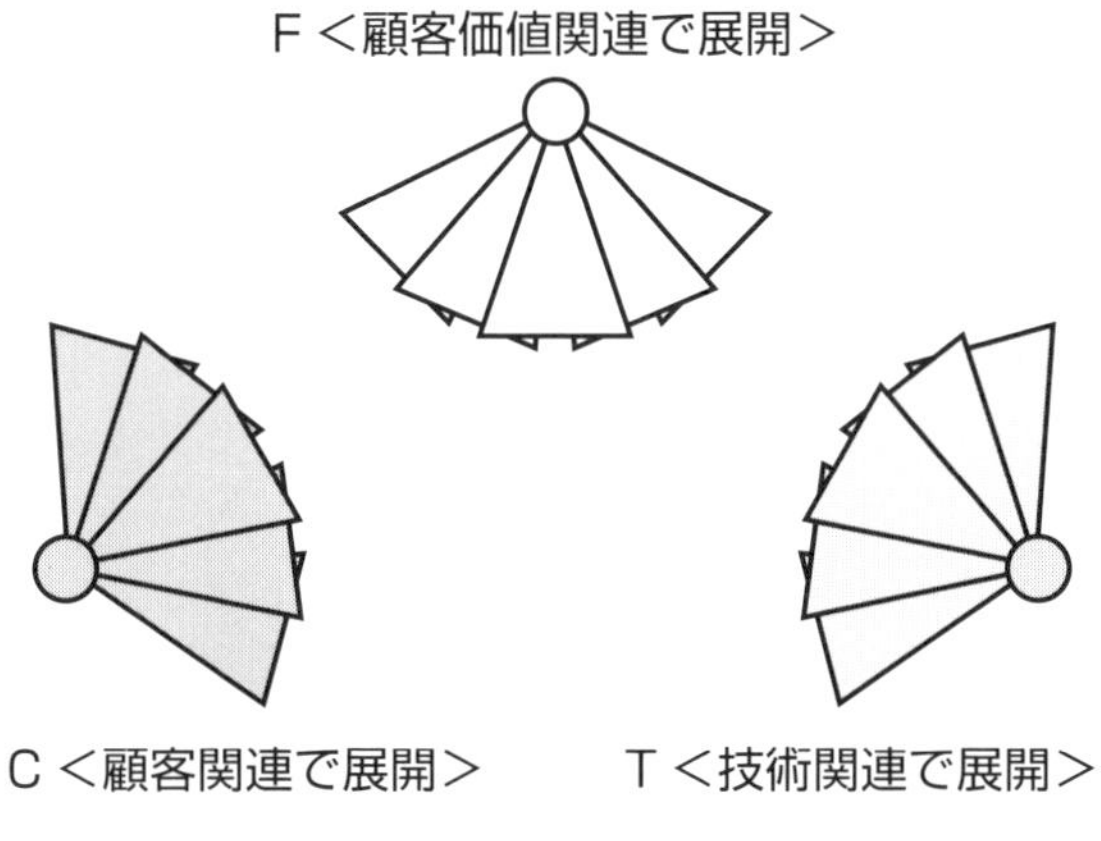

◇同質事業カルチャーの新事業開発は成功しやすい
◇事業部が主導権をとって外部、他事業部と連携
◇異質事業カルチャーの新事業開発の多くは失敗する（立ち枯れ）
◇失敗しなくても、極めて限られた範囲で小さく固まっている（小粒）
◇新事業開発の定石は、同質事業カルチャーの新事業を徹底的に進めること
◇顧客、技術が地続きでも失敗、塩漬け、立ち枯れになる。事業カルチャーの壁を甘く見てはいけない！
◇事業カルチャーの飛び地は本社、本部が主導権をとって、外部カルチャーを取り込む

当初から認識して、それなりのアプローチで進めれば成功の確率は高まる。しかし、残念なことに多くの場合は事業カルチャーの違いを認識しなかったり、その違いを軽く見て進めてしまうことが多い。その結果、小粒で終わったり、失敗してしまう。**異質事業カルチャーの壁は思っている以上に高く厚い**のである。既存事業が閉塞して新たな事業の柱をつくろうとする場合、あるいは多角的に積極的な規模拡大を目指す場合に異質な事業カルチャーの事業への新規参入を試みることがよくある。

例えば、単品製品事業をしていたが、新興国メーカーの追撃によって厳しい価格競争が避けられなくなったとする。経営陣は利益を確保するために高付加価値化への路線へ経営の舵を切る。システム化やサービス事業化が高付加価値化の一つの方向として進められる。従来の単品売りから、その製品を組み込んだシステム製品として、また個別の顧客の問題を解決できるシステム提供の事業を試みるのだが儲からない。一見同じ製品の延長線上の事業に見えるが、そこには目に見えない大きな異質事業カルチャーの壁が存在している。

システム化、サービス化は単品製品を製造販売している企業にとっては、異質な事業カルチャーなのである。

事業カルチャーの壁は
思っている以上に高い！
事業カルチャー

2 新規事業開発の役割分担

▼新規事業テーマの体系的分類

このように、事業カルチャーという視点でみると、新規事業開発は同質事業カルチャーと異質事業カルチャーの2つに大きく分けられる。また、時間軸という視点でみると、今すぐ立ち上げることのできる新規事業と中長期的なスパンで立ち上げる新規事業に分けられる。**図表2.2**は縦軸に時間軸、横軸と縦軸に事業カルチャーをとった新規事業テーマを体系的に分類した図である。

今すぐ立ち上げることのできる新規事業とは、既に世の中に存在している市場にむけて、既に世の中に存在している製品・サービスを組み合わせて提供するものであって、自社がまだ参入していない事業である。そこに、自社の技術ノウハウの強みや、顧客・市場での強みを生かして新規に参入するものである。この中には、同質事業カルチャーの新規事業もあれば、異質カルチャーのものもある。また、自社の技術ノウハウはなくとも、他社を買収したり、技術導入をしたりして新規参入することができる。

ひとことで言えば、自社と他社の経営資源を組み合わせて、既に世の中にある製品・サービス市場に参入するわけである。

一方、中長期的な新規事業とは開発に時間を要するものをいう。新しい画期的な製品や技術の開発によって、既存市場を大きく変えるものであったり、まだ世の中にはない新たな市場を創造するものである。製造業の新規事業では、研究開発、技術開発部隊が製品や技術の開発を行ない、その成果を新規事業に結びつけるのが一般的である。中には、東レの炭素繊維事業のように、大きく事業が展開するまでに30年以上かかることもある。

図2.2　新規事業開発の役割分担

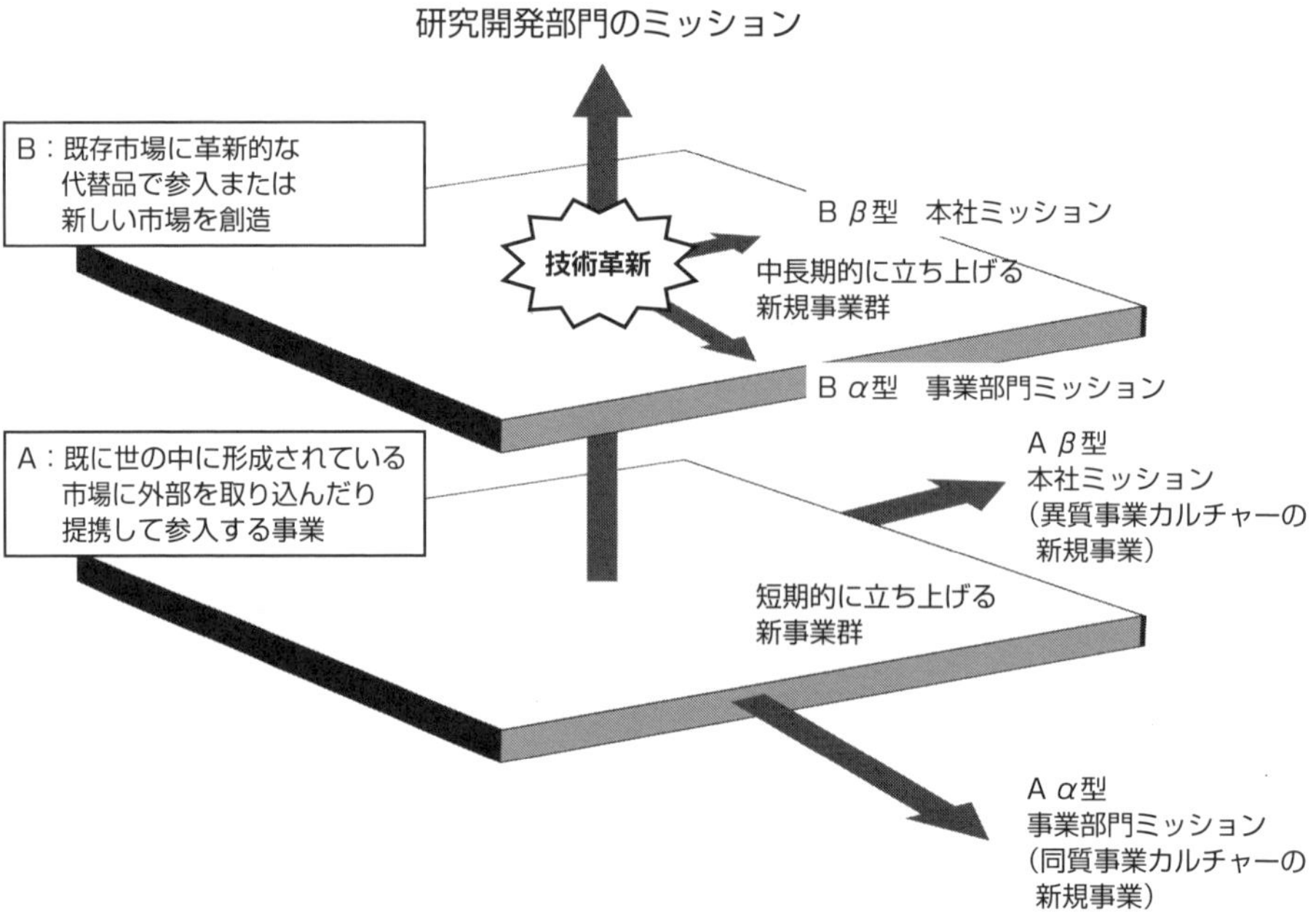

<今すぐ立ち上げる新規事業>

Aα型：同質カルチャーの新規事業は事業部門がその役割を担う
外部企業や技術を吸収、取り込んで擦り合わせる
自社（事業部門）が新規事業開発の主導権をとる
事業部門の豊かなマンパワーを活用

Aβ型：異質カルチャー新事業は本社がその役割を担う
外部企業と提携して、自社の強みと組み合わせる
パートナー企業が新規事業開発の主導権をとる
外部企業を活用して、新規事業をプロデュース

<中長期的に立ち上げる新規事業>

Bα型：社内外の新技術をベースに、同質事業カルチャーの新規事業を立ち上げる――社内外の研究開発→事業部門のミッション
あとはAα型と同じ

Bβ型：社内外の新技術をベースに、異質事業カルチャーの新規事業を立ち上げる――社内外の研究開発→本社のミッション
あとはAβ型と同じ

▼事業部門が主導すべき同質事業カルチャーの新規事業

今すぐ立ち上げる新規事業であれ、中長期的なタイムスパンで立ち上げる新規事業であれ、同質カルチャーの新規事業は事業部門が主導的に、そして精力的にトライし、立ちあげるのがよいように思われる。その理由は次の通りである。

1　既存事業の周辺には成長分野に関連した多くの事業機会が存在している

2　事業部門の「勝手知ったるやり方」で立ち上げられる新規事業も多い

3　結果として同じビジネス・プラットフォーム上に多くの事業を乗せることになり、勝ちパターンの選択と集中が実現する

4　事業部門の豊富な人材、少なくとも頭数は圧倒的に本社に比べて多い人材を新規事業の探索と立ち上げに充てることができる

5　既存事業にはライフサイクルがあり、現在の事業はいずれ衰退する。そのような前提で、事業部の人達が将来リストラの憂き目に遭わぬように事業部の自律的存続と繁栄のためという自分達の問題として取り組むことができる

事業部長は短期的な収益ノルマの達成を目指すオペレーションだけではなく、**自分の部下たちの明日の糧としての同質カルチャーの新規事業開発を進めなければならない**。このことは、「ニ」族企業の事業部長に課せられた大きな使命なのであるが、「ヲ」族型経営に流されて、オペレーションだけに専念している。

▼本社が主導すべき異質事業カルチャーの新規事業

事業部門に課せられた新規事業開発は自分達の事業部門を永続的に、かつ自律的に存続、発展させることを目的とすること。また、事業部門の構成メンバーによる「自分たち流」で展開できる同質カルチャー型であることを述べた。これに対して、本社に課せられるべき新規事業開発は全く異なる。目的

は**自社の事業構造を変えるための大きな新規事業**である。既存事業の周辺ではなく、自社が世の中の大きな変化のトレンドに適応し、さらにダイナミックな企業になるための事業構造の転換を目的とするのである。そのためには当然既存の事業カルチャーとは全く異なる事業文化に取り込まなくてはならない。本社が主導して進める理由は次の通りである。

1 既存の事業カルチャーでは対応できない大きなビジネスチャンスが自社の技術ノウハウや市場との地続きのところにある

2 事業部門が「自社流」で新規参入を試みても、事業カルチャーが全く異なるため、撤退または立ち枯れ、あるいは小さく固まってしまう

3 異質の事業文化を取り込み、それを自社に吸収するためには、事業部門の「自社流」とは別の組織体制で進めるのがよい

4 いずれは、別会社あるいは社内カンパニーとして事業拡大することになるので、当初より本社で進めるのがよい

このように、本社に課せられる新規事業のミッションは自社の事業構造を変えるための新規事業開発であるべきだが、多くの企業の本社新規事業部隊のミッションはあまり明確になっておらず、当事者達も頭の中が整理されていない。本来事業部門が進めるべき同質カルチャーの新規事業の露払いのようなことをしていたりする。事業部は猫の手もかりたいほどだから大いに助かる。また、研究開発部隊が開発した製品・技術の用途開発をしていたりする。

これらは、大切なことではあるが、本社の新規事業開発はより大きなミッションとしての、①自社の事業構造を変える新規事業の開発②そのために、異質事業カルチャーの新規事業開発に絞るべきなのである。

▼研究・技術開発部門のミッション

製造業の新規事業開発というと、今すぐ立ち上げる新規事業ではなく自社の製品・技術開発の成果をもとにした中長期的な時間のスパンでの新規事業開

発に偏っているように見える。いつもR&D部門だけに新規事業開発のプレッシャーがかかっている。「20年以上大きな新規事業がR&D部門から出ていない」とストレスを抱える研究・技術開発部長は多い。このような企業の経営者は既に述べた新規事業の体系を頭に置いて、中長期的な新規事業開発だけでなく、今立ちあげられる新規事業を、異質事業カルチャーと同質事業カルチャーの両面で真剣に検討し、進めることをお奨めする。特に、事業部門に同質事業カルチャーの新規事業開発を課すことが重要である。

一方、R&D部隊も中長期的に立ち上げる新規事業が同質的事業カルチャーなのか、それとも異質な事業カルチャーなのかによって、開発の早い段階から事業部門または本社部門を巻き込み、擦り合わせをしなくてはならない。

3 異質な事業カルチャーの新規事業はマイナー合弁特区で進める

▼定まらない方法論

新規事業開発の方法論が定まっていない。既存事業の事業展開に関しては、開発、製造、販売まで多くの方法や手法で満ち溢れている。これに比べると新規事業開発の方法論については、大学の先生も、コンサルタントも、企業の現場でも体系的に整理されているとは言えない。社内での新規事業開発は個人の力量に負うところが大である。一昔前は、新規事業テーマを社内公募して検討するような手法があった。1000件程度のアイデアを社員から集めて、それを事業の魅力度と自社の強み弱みから評価して、最終的に3テーマ位に絞り込んで、フィージビリティ・スタディ（実現可能性調査）を実施するというものである。結局は立ち枯れになることが多かったようである。最近では、新規事業というそもそも不確定要素の大きなことをトライ&エラーではなくデータの積み上げによって、ロジカルに意思決定しようという試みの例もある。これにも無理がある。結局は、膨大な調査報告書ができるのであるが、実施の意思決定には至らないことが多い。

▼マイナー合弁特区方式で進める

前章「グローバル展開のリセット」でマイナー合弁の有効性を説明した。グローバル展開という事業カルチャーが異質で、その地域に関する知見の乏しい場合に、第一ステップとして踏み出すための方法の一つとしてである。そのポイントは、①マジョリティをとらない資本参加をし、②パートナーに事業展開の主導権をとらせ、③3年から5年で事業カルチャーと知見を急速吸収し、④その時点でネクスト・ステージの戦略を立てて新たな事業展開をする、というものである。

異質な事業カルチャーの新規事業開発も全く同じである。自社の強みとしての技術やブランド、規模などを〝売り〟にして、**パートナーとマイナー合弁方式、あるいはマイナーな資本参加によって事業を立ち上げる**のである。ローリスクでスピーディな事業の立ちあげが可能になる。同じ額の投資予算をもつのであれば、自社だけで参入するよりはマイナー合弁方式で少ない投資を分散させて何倍もの多くの布石を置くことができる。リスクが低くなることで、社内の意思決定も素早く行なうことができるというメリットもある。**本社の新規事業開発部門をマイナー合弁特区（図表2．3）として再スタートさせる**のも一つの方法である。

図2.3　マイナー合弁特区

マイナー合弁（mJV）のポートフォリオ管理

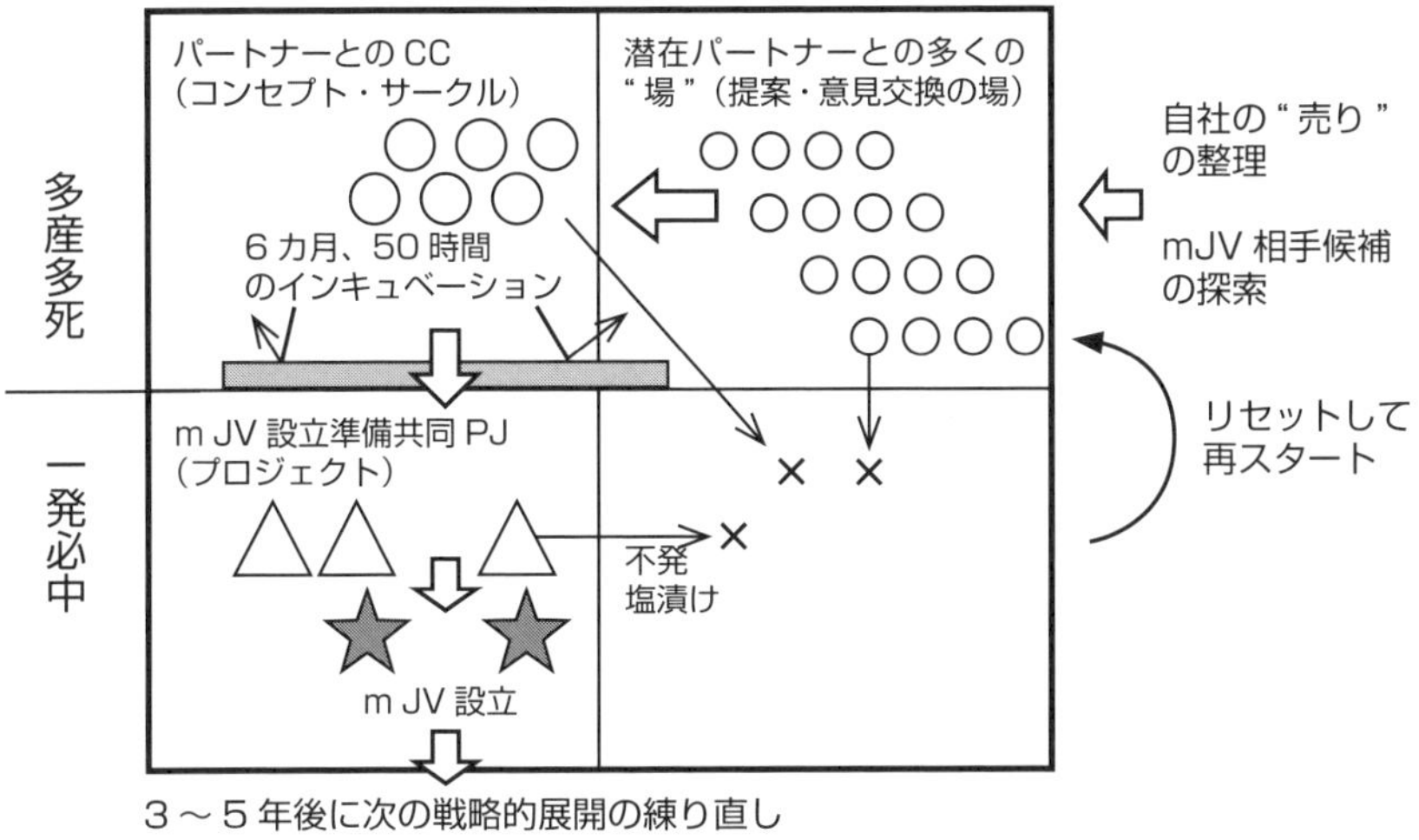

マイナー合弁特区での進め方：

＜構想ステージ＞

1．主導権をとらせてもよさそうなパートナー企業の選定
　（業界No.1から攻める）
2．そのパートナーを前提にし、かつ成長・地続きだが、異質の事業カルチャーの事業の事業構想を立てる

＜“場”＞

3．自社の強み、“売り”を組み込んだ事業企画（たたき台のたたき台程度の完成度）をパートナー候補に提案――複数のパートナー候補との“場”

＜サークル＞

4．先方が興味を示したら、先方との事業コンセプトの詰めを進める
　（コンセプトサークル群）
5．双方で、魅力的な事業企画ができるまでつづける――最長6カ月

＜チーム＞

6．双方から事業立ち上げ（合弁事業会社設立）にむけてのプロジェクトを発足
　（ヒト・予算）
7．合弁事業会社の設立準備

＜合弁会社＞

8．パートナーに主導権を持たせた運営
　エース1人を含む人材を出して、事業の立ちあげと事業ノウハウの吸収
9．3～5年後のネクスト・ステージの戦略を常に頭に置いて行動

4　同質事業カルチャーの新規事業はポール・ポジション・システムで進める

▼ポール・ポジションとは

ポール・ポジションとは自動車のＦ１レースで、最前列の最も内側のスタート・ポジションのことである。予選ラウンドで最も成績の良かったチームがこのスタート・ポジションをとることができる。そして、この最も有利なポジションをとることで、決勝ラウンドでの優勝の確立も飛躍的に高くなる。つまり、予選を頑張ってポール・ポジションをとることは、レースで優勝するための登竜門なのである。

ある大手電機メーカーの情報機器の事業部に新規事業開発を重視し、見事なマネジメントをする事業部長がいた。自ら画期的な新製品を開発した経歴ももっていた。その事業部長は、新規事業開発を他社とのＦ１レースであると位置づけて、最終的な意思決定の段階で、その事業企画がポール・ポジションを取れているかどうかをＧＯか中止かの判断基準にしていた。アイデア段階、事業企画段階という多産多死の予選ラウンドでポール・ポジションを取れたテーマだけが、事業化のプロジェクトに進めるというわけである。実際この事業部では、このようなやり方で多くの新規事業を生み出した。新規事業の分類でいえば、同質事業カルチャーの新規事業であった。そのやり方をここでは**ポール・ポジション・システム**と名付けてそのポイントを簡単に説明しよう。

▼お題とスポンサー

ポール・ポジション・システムには４つの絶対に外してはならないポイントがある。

第一のポイントはアイデアの段階から後述する６カ月のインキュベーション期間の人工《マンナワー》の承認と少額調査予算を提供してくれる社内スポンサーを組み込んでおくことである。課長、部長、事業部長をスポンサーと考えればよい。スポンサーが「お題」と称して、自分の抱えている問題や、テーマを投げかけてくれれば、そのテーマについては自動的にスポンサーがついたも同然となる。

▼フルセットの有志集め

第二のポイントは、テーマアップと事業企画づくりの段階から、事業の立ち上げを想定して開発、設計、製造、営業、購買などの関係する部署の有志をフルセットで取り組むことである。通常は誰かがアイデアを出し、次に限られた有志で事業企画づくりをし、その企画が通ったところで関係部門から人を集めてプロジェクトチームを作るという手順を踏むが、それではスピードと勢いが持続しない。スピードこそ命である。

▼多産多死

第三のポイントは多産多死。アイデア段階、事業企画づくりの段階の多産多死は経営に大きなダメージを与えることはない。問題なのは甘い事業コンセプト、つまりポール・ポジションを取れていない事業企画であるにもかかわらず、立ちあげチームを設立して経営資源を投入してしまうことである。結果は「漂流」である。ポール・ポジションはそれを防ぐファイアー・ウォール（防火壁）でもある。ポール・ポジションに至る沢山のアイデア倒れ、企画倒れこそ正常な姿と考えるべきである。

▼6カ月のインキュベーション：〝チョイ〟試作、〝チョイ〟提案

第四のポイントは期限付きのインキュベーションである。スポンサーがついたフルセットのメンバーは、例えば6カ月間の事業企画づくりを、仮説検証を繰り返しながら進める。

6カ月後にポール・ポジションを取れれば事業化に進む。6カ月でポール・ポジションをとれなければ、インキュベーションの経過をまとめて、後日利用できる形にして棚に上げて解散する。仮説検証など難しい言葉を使ったが、要は〝チョイ〟試作、

図2．4　ポール・ポジション・システム

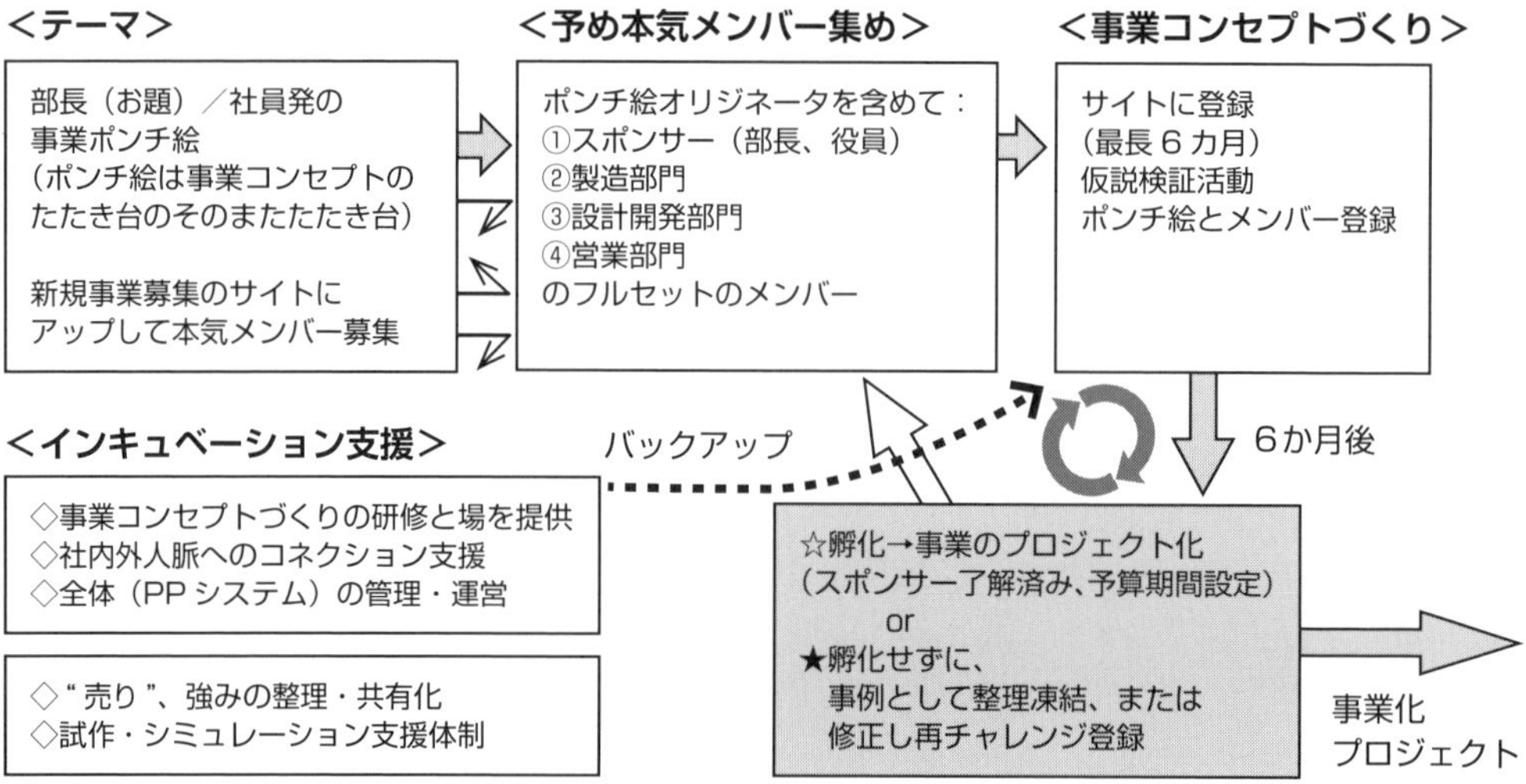

ポール・ポジション・システムの流れ
＜お題とスポンサー＞
◇事業部の部署長は役職に応じて、新事業開発のための予算（軍資金）を割り当てられる
◇事業部の部署長は、年間最低2テーマのインキュベーションのスポンサーにならなければならない
◇事業部の部署長は、自らテーマ（お題）を提示するか、ボトムアップのテーマ群から選定しなければならない
↓
＜フルセットの有志メンバー集め＞
◇テーマごとに、テーマのオーナー（言いだしっぺ）が6カ月間のポール・ポジションチャレンジ（CC）のメンバーを募集
◇メンバーは①スポンサーを含め、②設計開発、③製造、④営業、その他機能横断メンバーを予めセットとしてCCをつくる
↓
＜6カ月間のインキュベーション＞
◇6カ月間の事業企画の仮説検証活動（“チョイ”試作、“チョイ”提案）
◇着地点はポール・ポジションが取れると納得できる事業コンセプト
◇必要に応じて社内外の支援を受ける
◇目標管理制度の一つの目標として事業開発活動を入れる（マインドの高い人を対象）
↓
＜ポール・ポジションというファイア・ウォール＞
◇事業化プロジェクトの審査――事業部長以下経営幹部
◇事業企画、予算、スケジュール、プロジェクトメンバーの提示
◇事業化プロジェクト発足のYes／No　（スポンサーがプロジェクト責任者となる）
↓
事業化プロジェクト（一発必中）

〝チョイ〟シミュレーションして、〝チョイ〟提案を繰り返すことである。

5 新規事業開発のトータル・システムづくり

▼マイナー合弁特区とポール・ポジション・システムの統合

進化・変化のスピードで世界と勝負する「ニ」族企業は新規事業も「ヲ」族企業以上のスピードで開発しつづけなければならない。そのためには、異質事業カルチャーの新規事業と同質事業カルチャーの新規事業の両方を進めるパワーが必要である。本社が主導する**マイナー合弁特区**と事業部門が主導する**ポール・ポジション・システム**を**合体**した**統合システム**をつくり、それを実施することで「ニ」族企業の新規事業開発力は格段に高まるはずである。

仮に、事業部門から異質事業カルチャーのテーマが出た場合は、その提案者とともに本社のマイナー合弁特区に移すことで企画づくりや、意思決定のスピードがあがる。

▼支援インフラ

また、ポール・ポジション・システムの仮説検証のスピードを加速させるには、人脈支援と試作・シミュレーション支援が必要である。〝チョット〟聴いてみる、〝チョット〟試作してみる、〝チョット〟シミュレーションして顧客に提案してみる、などの〝チョット〟のスピードが大切なのである。人脈センター、試作センター、シミュレーションセンターをつくった企業が勝つのである。センターなどという大げさなものでなく、既存の組織にその機能を持たせることを、とりあえず直ちに始めることが大切である。

図2.5　マイナー合弁特区とポール・ポジション・システムの統合

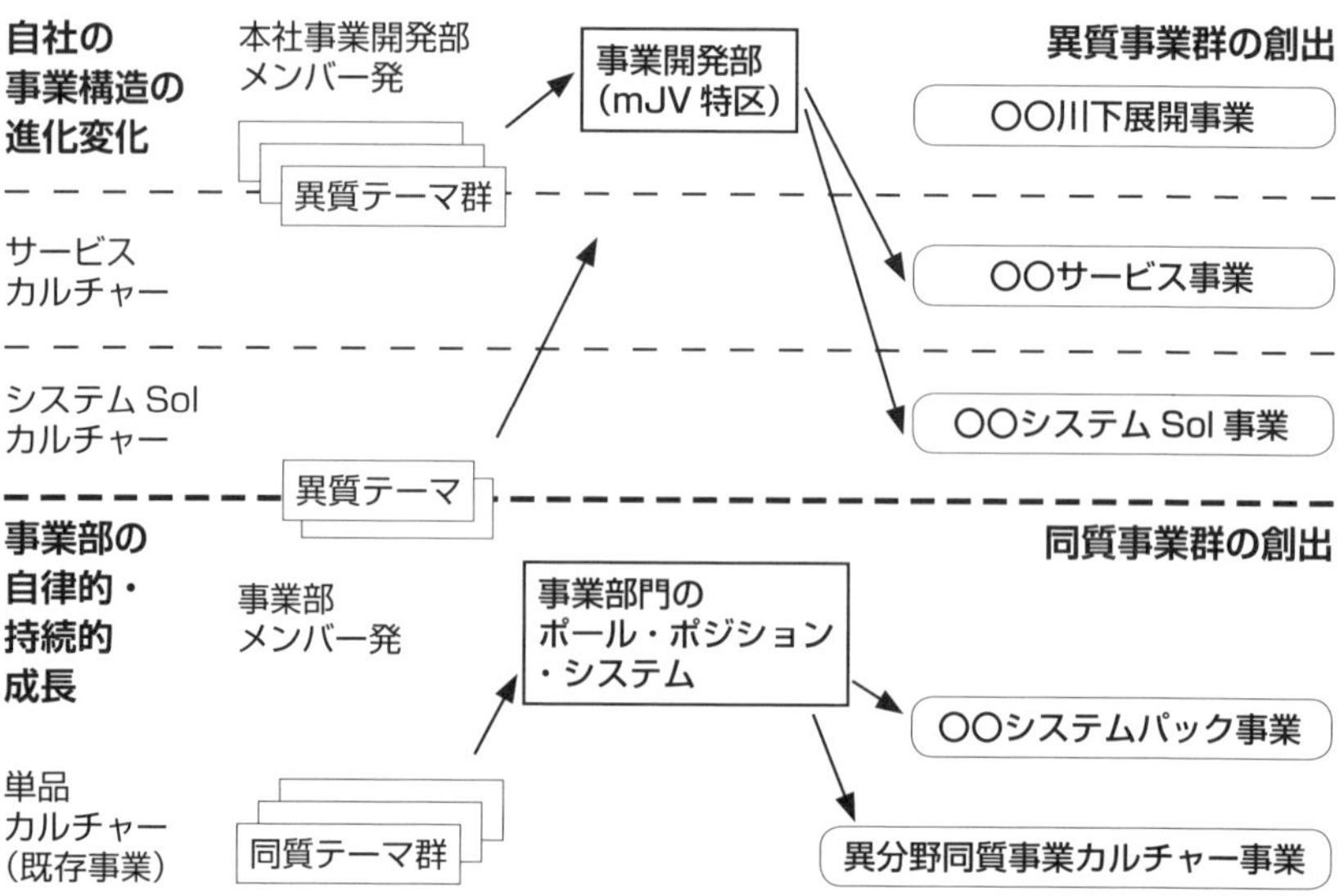

まとめ：

1. 新規事業の3つの鉄則は「成長」「地続き」「独自性」である
2. 「地続き」には顧客（C）関連、「顧客から見た価値」（F）関連、技術ノウハウ（T）関連の3つがある
3. Fが地続きの同質事業カルチャーの新規事業と、Fが地続きでない異質事業カルチャーの新規事業に分けられる
4. また、今すぐに立ち上げを開始できる新規事業と、中長期的に技術開発や市場創造が必要な新規事業に分けられる
5. 同質事業カルチャーの新規事業は事業部門が主導して、自部門の存続と発展のために進めるべきである
6. 異質事業カルチャーの新規事業は本社部門が主導して、自社の事業構造を変えるために進めるべきである
7. 同質事業カルチャーの新規事業は事業部門が中

心になってポール・ポジション・システムをつくってスピードアップすることが望ましい

8. 異質事業カルチャーの新規事業は本社にマイナー合弁特区を設けて、「ヲ」族企業を活用して立ち上げることが望ましい

ネクスト・ステージに向けてのセルフ・チェック

□1. 同質事業カルチャーと異質事業カルチャーという視点で新規事業を体系的に整理できているか？　単に成長分野だけで分類していないか？

□2. 各事業部門が新規事業開発を自部門の自律的成長のための必須のミッションと認識しているか？

□3. 本社の新規事業開発は、そのミッションを異質の事業カルチャーの新規事業開発による自社の事業構造の改革と認識しているか？

□4. 研究・技術開発部門は、同質、異質カルチャー事業のいずれかのゴールを見定めて製品・技術開発を進める一方、本社、事業部と早い段階から連携しているか？

□5. 役員、部課長クラスが自ら温めている事業テーマを「お題」として出しているか？　ボトムアップの提案を叩いているだけではないか？

□6. ポール・ポジション・システムとマイナー合弁特区を社内につくっているか？

3 新製品開発のリセット

1 「〝溜り〟と〝塊〟」の戦略フレーム

▼対応型開発と提案型開発

顧客に提供する製品やサービスの開発におけるスピードが「ニ」族企業の生命線である。製品開発には2種類ある。対応型開発と提案型開発である。

対応型開発は顧客の要望や、要求されるスペック（仕様）を満足する製品を技術でソリューションするものである。比較的簡単なものから、大きなイノベーションを必要とする難しいものまでいろいろある。要求仕様を受けた開発技術者達は要素技術を融合、複合させて満足する製品を開発する。受け身の開発である。

提案型開発は開発技術者が消費者や顧客企業に「こんなものはいかがですか？」と顧客の問題をソリューションするであろうと思える提案をして、相手が乗ってくるようであれば本格的に製品化のための開発を行なう。受け身ではなく、能動的な開発である。

▼「ニ」族企業は世界一の対応型開発力を持っている

「ニ」族企業の開発の大半は対応型の開発である。「ニ」族企業ほど顧客から沢山の宿題をもらってきて、それらを次々に解決した製品を開発する企業は世界に類を見ない。それを当たり前のこととして黙々とやり続けている。顧客企業の要求スペックに合わせて、一生懸命に技術ソリューションを生み出している。顧客企業も生き残りをかけて自社の製品を進化させようと一生懸命である。その顧客企業に納入する供給業者も目の前の顧客企業の問題解決に協力して創意工夫をしつづけてきた。「ニ」族企業では全社をあげて対応型の製品開発を当たり前のこととして夢中でやってきたわけである。

「ニ」族企業の技術レベルは世界で高いと言われているが、正確に言えば対応型技術開発のレベルが高いのであって、提案型の技術開発レベルが高いわけではない。

▼対応型に逃げ込む「ニ」族企業の開発技術者たち

対応型は顧客が先に付いている開発なので技術ソリューションができれば直ちに収益に結びつく。一方、提案型は顧客が定まっていない状況からスタートして、顧客を見つけて、具体的な開発テーマへと昇華させることが必要となる。対応型は顧客が既についているテーマであるから、顧客とのコミュニケーションが楽である。試作して持っていけば、客先が評価して、さらに細かな改良すべきポイントが宿題として細かく指示される。持ち帰って、それらをさらに技術ソリューションして、再び顧客に持っていくということを繰り返していくうちに自然と目標とされたスペックに到達することができる。

一方、提案型は最初の突破口として、顧客とのコミュニケーションがとれるまで持っていくのが大変である。客先の忙しい担当者にアポイントメントをとり、説明しても空振りの連続で、開発技術者は自信喪失に陥る。それにもめげず再び提案していくのには、並々ならぬ熱意と度胸と図太さがないと続かない。そこで、どうしても結果が出て、顧客に喜んで頂けて、社内にも顧客満足度をアピールしやすい対応型開発に逃げ込むことになる。

▼提案型開発が必要になってきた

しかし、対応型の製品開発だけでは利益が出ない時代になりつつある。その理由は3つ。

第一の理由は、世界を相手に利益を確実にとるためには提案型でGDT製品（Global De-facto Top: グローバル市場で業界標準品となり、トップシェアをとれるような強い製品）を開発できなければ難しくなってきたこと。

第二の理由は、従来対応型で開発していれば製品化が保証されていた強い顧客としての「ニ」族企業の数が減り、上市されない製品開発に振り回されて開発効率が大きく低下してきたことである。これ以上の消耗戦はもはや限界にきている。

そして、第三の理由はグローバルでは強力な巨大「ヲ」族企業が複数のサプライヤー企業に同じ要求スペックを提示し、よく言われる開発オリンピックを仕掛けてくること。そして一生懸命頑張って、仮に開発一番乗りをしても、大きな利益が保証されるわけではない。なぜなら、顧客の巨大「ヲ」族企業はその開発された技術ノウハウを競合他社に教えて、複数社からの並買にもっていくのが常識だからである。

これまで、得意な対応型開発を軸に成長してきた「ニ」族企業が、ネクスト・ステージでは必ずしも得意とは言えない**提案型開発へのシフトが生き残りの条件**なのである。

2 「顧客から見た価値」で括った技術ノウハウの〝塊〟をつくる

▼〝売り〟を持っていない開発部隊

これまで開発部隊は対応型の技術ソリューションを進めてきた。顧客から問題、課題が与えられて、それを自分たちの技術で解決してきた。今後は、提案型開発を増やし、全体として対応型と提案型の二本柱のバランスのとれた開発体制をつくりあげていきたいわけである。そのためには開発部隊としての〝売り〟を持たなければならない。多くの開発部隊では対応型開発の過程で磨かれた技術を数多く蓄積しているのだが、それが〝売り〟のかたちに整理されていない。提案型では自分たちの得意とする〝売り〟があって、それをもとに具体的な開発提案書をつくり、できれば顧客業界のリーダー企業を納得させて共同開発に持ち込みたいわけである。〝売り〟がないとこのような動きはできない。提案型開発がうまくいかない開発部隊には〝売り〟がないことが原因のひとつである。

ネクスト・ステージでの提案型開発には**提案の武器としての〝売り〟が絶対に必要**なのである。〝接着のコントロールができますよ〟、〝放熱の問題解決をお任せください〟、〝鮮度管理の問題解決ができます〟などの〝売り〟を開発部隊として共有し、個別に具体的な提案型開発を仕掛けていくわけである。

開発部隊を一つの企業内企業と考えると、〝売り〟はその商品である。商品のない企業は存在意味がないのと同様に、〝売り〟をもたない開発部隊はその存在意味がないのである。開発部隊として〝売り〟を決め、それを共有し、積極的に発信すると同時に中身を深めていかなければならない。

▼〝売り〟としての技術ノウハウの〝塊《かたまり》〟が必須になってきた

猛烈な対応型製品開発の結果、「ニ」族企業の開

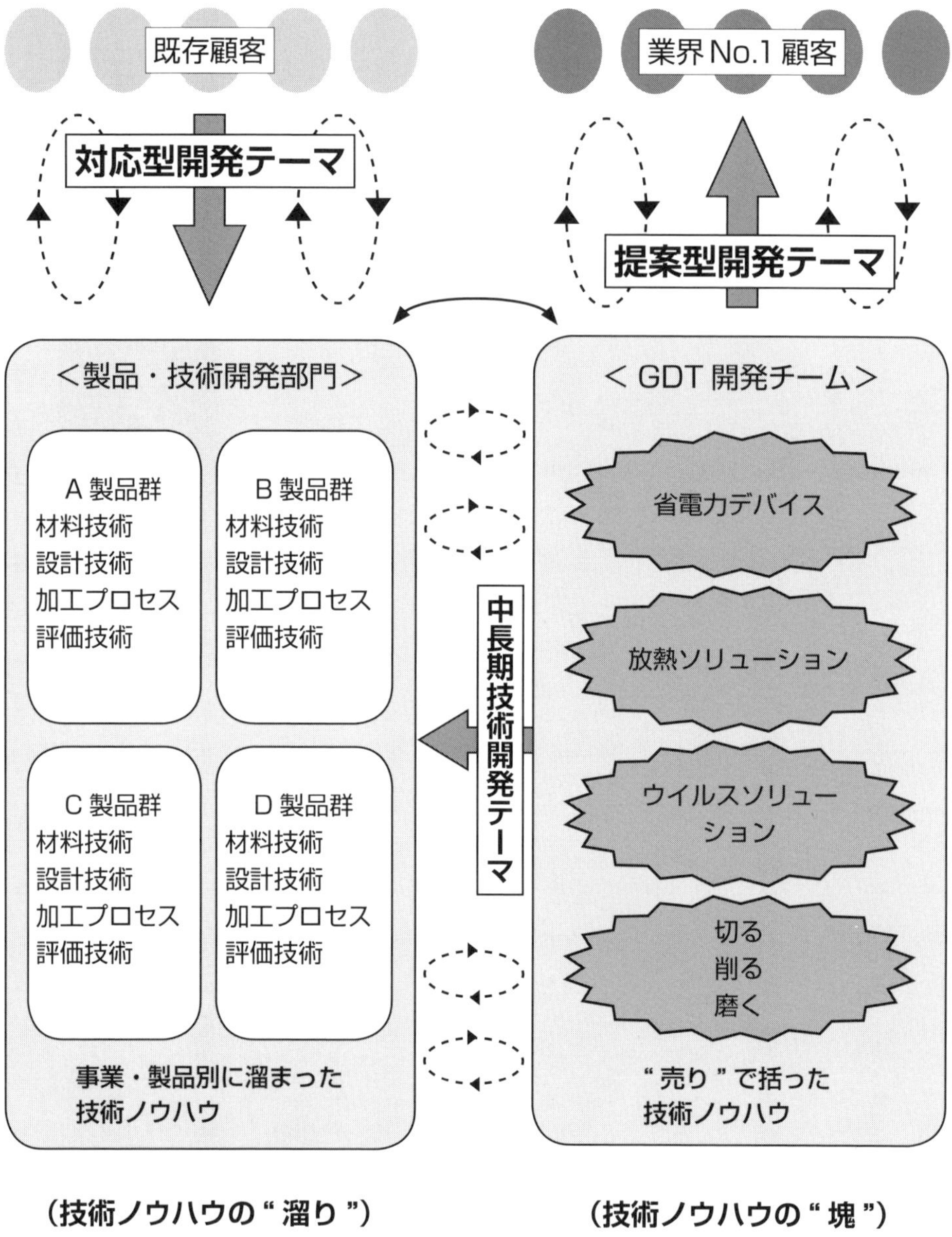
既存顧客
業界No.1 顧客
対応型開発テーマ
提案型開発テーマ
<製品・技術開発部門>
A 製品群
材料技術
設計技術
加工プロセス
評価技術
B 製品群
材料技術
設計技術
加工プロセス
評価技術
C 製品群
材料技術
設計技術
加工プロセス
評価技術
D 製品群
材料技術
設計技術
加工プロセス
評価技術
事業・製品別に溜まった
技術ノウハウ
中長期技術開発テーマ
< GDT 開発チーム>
省電力デバイス
放熱ソリューション
ウイルスソリュー
ション
切る
削る
磨く
"売り"で括った
技術ノウハウ
(技術ノウハウの"溜り")
(技術ノウハウの"塊")

図3.1 「“溜り”と“塊”」の戦略フレーム

◇消耗戦の原因は限度を越えた対応型開発

◇儲けるためには継続的なGDT（Global De-facto Top）製品開発が必須

◇そのために、開発部隊の“売り”をつくる

◇“売り”は保有技術・ノウハウを顧客から見た価値で括った技術ノウハウの“塊”——技術ノウハウの複合化

◇自社に蓄積されている製品別、サービス別の技術やノウハウを顧客価値で再整理する

◇技術ノウハウを束ね、複合化することで“売り”をつくれる

◇“売り”を持って、顧客業界のリーダー企業に共同開発を提案（対応型では技術者の消耗戦）

◇単発的な提案では成功しない

◇自社の“売り”を領域としてトライ＆エラーを重ねることが近道

◇“売り”を持つことで、成長市場の顧客とコミュニケーションを継続することができる

◇新製品は継続的なコミュニケーションの中から生まれる

発部門には膨大なそして、多様な技術の蓄積としての〝溜《たま》り〟が既に存在している。対応型の製品開発に重点を置いてきた結果として、技術の〝溜り〟が製品別にそれぞれ蓄積されている。Aという製品の製品技術とそれを製造するプロセス技術などがセットになって、目の前の顧客の要求に一生懸命対応する中で蓄積され続けてきた。製品ごとに括られた膨大な技術ノウハウの蓄積である。**製品別の〝溜り〟の技術体系**と言ってもよい。「ニ」族企業が対応型開発で生き残れた時代はこれが最適な技術体系であった。

しかし、提案型開発に必要とされる技術体系は全く異なる。対応型における製品別の〝溜り〟の技術体系に対して、**提案型では**提案する〝売り〟を実現するための**技術の〝塊《かたまり》〟を技術体系の軸に**据えなければならない。提案型では顧客企業がまだ気づいていない問題を、「こういうメリットのある製品はいかがですか？　当社の製品・技術の〝塊〟で解決してあげますよ」と持ちかけることからスタートする。このように持ちかける〝売り〟とその〝売り〟を具体化するための要素技術や複合技術の集合体を〝塊〟と呼ぶ。

例えば、携帯電話を製造している電器会社に対して「当社の液晶ディスプレーと半導体を使えば消費電力を30％削減できますよ」という提案型開発を仕掛けることができる。実際、典型的な「ニ」族企業であるエプソンでは「省電力」を〝売り〟にした技術の〝塊〟を製品・技術戦略の柱として業績を大きく伸ばした経緯がある。「鮮度」、「安全」、「放熱」、「操作性」などに関連した自社独自の旗印としての〝塊〟が必要である。

「ニ」族の顧客企業はもちろんのこと、世界中の「ヲ」族の顧客企業も自分達が手掛ける製品開発には無限ともいえる問題と課題を抱えている。それらに対し、**次々に技術でソリューションを提供**していけばよい。明日の飯の種は無限にある。〝売り〟とそれを実現する技術ノウハウの〝塊〟をつくれば「ニ」族企業の成長の新たなステージに入ることができるのである。

▼「顧客から見た価値」で括った技術ノウハウの〝塊〟

〝売り〟は言うまでもなく「顧客から見た価値」である。したがって、技術ノウハウの〝塊〟も「顧客から見た価値」でつくることになる。「きれいに剝がせる」「大空間での鮮度保持」「接着のコントロール」「放熱ソリューション」などは、エンドユーザー、あるいは製品の差別化をしたい企業にとっての「顧客から見た価値」である。

「ニ」族企業には製品別に蓄積された膨大で多様な技術の〝溜り〟があることについては既に説明した。そのような**技術の〝溜り〟から、提案型で攻めるための〝塊〟をつくる**ことはそんなに難しいことではない。例えば「接着のコントロール」という技術の〝塊〟をつくるのであれば、〝溜り〟に蓄積された技術ノウハウを整理して、剝がれやすさの順に接着剤を予め準備しておく。こうすることで顧客企業の製品用途に応じてその最適な剝がれやすさの提案ができる。また、接着剤が乾くまでの時間についても瞬間接着から数時間のものまで予め準備しておく。さらに、接着を紫外線で起動する紫外線接着剤や超音波で起動するものなど、接着をコントロールする手段についても技術を揃える。同様に、解体を容易にする方法も必要である。環境意識が高まる中、解体が容易な接着方式は価値がありそうだ。解体の容易な接着方式、例えばマイクロウエーブを当てると接着剤が分解して容易に解体できる方法などは「接着のコントロール」のための技術の〝塊〟のひとつであろう。

自社の技術の〝溜り〟にないものは、外部の企業や研究機関から導入するか、自前で開発すればよい。

開発部隊は顧客企業のその先の「顧客から見た価値」を高めるためのソリューションを提案、提供するのが役割である。その「顧客から見た価値」を実現するために要素技術や多様なノウハウがプレハブ化されたモジュールになっている技術ノウハウの〝塊〟を持つこと、そしてそれを技術部隊と営業部隊が共有することで、「ニ」族企業としてのスピード感ある効率的な提案型開発が実現する。

製品ロードマップとそれに連動した技術ロードマップを作成している「ニ」族企業は多くある。製品ロードマップは顧客業界の製品ロードマップに合わせてつくる。しかし、ネクスト・ステージでは、「ニ」族企業が勝つためにはこれでは不十分である。自分達の〝売り〟を深化・進化させなくてはならない。〝売り〟のロードマップ、即ち**技術ノウハウの〝塊〟のロードマップを作り、社内で共有すること**が生命線なのである。

▼〝塊〟はデスバレーに架ける橋

新製品開発を成功させるにはデスバレーを越えなければならない。開発技術者達の目線でみれば、こちら側に技術・シーズがあり、対岸には市場・ニーズがある。その間に大きく口を開けているのが死の谷、デスバレーである。技術者達がせっかく良い技術で製品開発しても、市場のニーズにマッチしないと製品化されずデスバレーに落ちてしまうということだ。このデスバレーに落ちない製品開発をするために、予め市場ニーズと技術シーズをマッチングさせなければならない。そこで、開発技術者達は、マーケティングの勉強や市場ニーズの調査をするようになった。しかし、簡単に市場ニーズが見つかることは稀である。デスバレーの手前で動きが止まってしまう開発が多い。発想の転換が必要である。ニーズは、調査しても、マーケティングを勉強しても出てくるものではない。開発技術者が試し打ちを何度も繰り返すうちに、それを見た顧客が自分達のニーズに気づくのである。

〝売り〟を決め、**技術を〝塊〟にして準備して、顧客（企業）に提案**という試し打ちを繰り返すこと以外に市場ニーズを探る方法はないと悟ることが必要である。〝塊〟がなければ思いつきの一回限りの提案になってしまう。これではデスバレーの餌食である。〝塊〟をつくれば、顧客の問題解決のためのやり取りを継続することができ、遂にはデスバレーを越えることができる。一つの技術の〝塊〟がデスバレーに架けられた一本の吊り橋と考えればよい。〝塊〟を沢山つくれば、何本もの吊り橋を架けることになる。まずは一本のロープを対岸との間に架けることから始めればよい。

3 開発技術者の〝動き〟の共有化

▼戦略的な開発の〝動き〟

経営者も、開発の先輩技術者たちも対応型での成功体験をもっていることや、先のことより目の前の具体的な課題に一生懸命になるという「ニ」族企業のDNAのために、提案型開発が今後大切だと頭では理解していても体が対応型に動いてしまう。これを変える方法は**提案開発の〝動き〟を明確にして、それを共有する**以外にない。〝動き〟を共有することによって組織としての開発力を高めることができる。

何でもいいから早く新製品を出せばいいという経営は戦略的とはいえない。そうではなく、企業の収益に結びつく開発をするためには、世界で業界の標準となる製品の開発、つまり**GDT**（グローバル・デファクト・トップ）**を取れる製品に絞って開発するということが戦略的開発**ということになる。戦略的という意味は、将来に向けての点を打つこと、あるいは到達目標を定めるということで、そこに向けて現在位置から将来の点に向けてのステップを描くわけである。「GDTをとれる製品の開発」が戦略目標ということが共有されれば、一つの開発の〝動き〟が見えてくる。

▼GDT開発の〝動き〟は7つのステップ

ステップ1：一発目の提案先を業界リーダー企業に限定して、こちらから仕掛ける

業界標準をとるためには、トップから攻めるのが定石である。

ステップ2：開発部隊の〝売り〟をつくる

〝売り〟を持たない開発部隊は武器を持たない丸腰の集団である。「顧客から見た価値」で技術の〝塊〟をつくる。

ステップ3：〝ブツ〟で顧客とコミュニケーション

〝ブツ〟を見て顧客がニーズに気づく。

顧客はパワーポイントの説明では決して反応しない。簡単な試作品の〝ブツ〟に必ず反応する。ここで初めて真の顧客ニーズを把握できる。

ステップ4：最も近い〝事例〟を社内外から持ってくる

勝ち負けを左右する開発スピードは、どの技術でスタートするかでほぼ決まる。真の顧客ニーズを把握したら社内外からニーズに最も近い開発事例からスタートする。

ステップ5：「上書き」行動を繰り返す

現物としての開発事例を土台にして、その上に顧客や周囲の人々のアイデアと技術を上書きして、積み重ねていく。これは「ニ」族企業の得意技である。

ステップ6：試作・シミュレーションのスピードで勝負する

顧客側だけでなく、社内での擦り合わせが重要。そのために試作品やシミュレーション結果をその都度提示するスピードが勝負。

ステップ7：一気にグローバル市場での業界標準に仕立て上げてトップシェアをとる

開発部隊と営業部隊が協力し、最短で60％以上のシェアをとる。

以上がGDT製品開発の筋書きである。

この筋書きをベースにして、自社としての〝動き〟の差別化を図らなければならない。たとえば、ステップ6で他社に比べて圧倒的に試作のスピードが速い開発部門をつくれれば、世界を相手に〝動き〟で十分勝てそうな気がする。

まとめ：

1．「ニ」族企業は対応型開発では世界一のパワー

をもっている

2. 対応型開発の結果、膨大で多様な技術の〝溜り〟が製品別に蓄積されている

3. 今後は対応型開発偏重ではなく、対応型と提案型開発のバランスのとれた開発が必要となる

4. 提案型開発を進めるためには〝売り〟としての「顧客から見た価値」で括った技術の〝塊〟が必須である

5. 提案型開発を戦略的に進めるためには、開発目標をGDT（グローバル・デファクト・トップ）製品にセットする

6. GDT製品開発の筋書きは①一発目の開発は顧客業界リーダーに絞る、②〝塊〟をつくる、③10％完成度の〝ブツ〟でニーズ把握、④ニーズの至近距離にある技術からスタート、⑤スピーディな〝上書き〟の繰り返し、⑥試作、シミュレーションのスピード、⑦一気に水平展開

7. GDT開発に向けた開発技術者の〝動き〟の共有化が必要である

ネクスト・ステージに向けてのセルフ・チェック

□1. 目の前の顧客を相手にした対応型製品開発に忙殺されていないか？

□2. 製品別の技術の〝溜り〟だけでなく、「顧客から見た価値」で括った、技術ノウハウの〝塊〟をつくっているか？

□3. 横断的技術を複合化したり、新たな技術を導入、開発するなど、自社の技術ノウハウの〝売り〟または〝塊〟のロードマップをつくり、管理しているか？

□4. 開発技術者のマーケティングとは、「顧客業界のリーダー企業に絞って、その企業を熟知すること」と肝に銘じているか？

□5. 試作力、シミュレーション力で同業他社を凌駕しているか？

□6. 自社の開発技術者達が沢山の〝チョイ〟試作のブツをスーツケースに入れて、世界のリーダー企業に訪問プレゼンのキャラバンをしているか？

4 組織パワーのリセット

1 「メゾ組織」の戦略フレーム

▼メゾ組織とは

メゾとは中間とか中庸という意味の接頭語である。音楽のメゾソプラノやメゾフォルテなど中程度の高さ、強さという意味で使われる。また、イラクのメソポタミアという地名はチグリス川とユーフラテス川の間にある土地ということで名付けられた。メゾはマクロでもなく、ミクロでもないほどほどの、中程度の大きさということである。

ここで述べる**〝メゾ組織〟の定義**は、「ニ」族企業の特性である**擦り合わせが可能な中程度の大きさの組織単位**で、四つの集団である**〝場〟**と**サークルとチームとグループが四位一体化**されたものである。さらに、後で詳しく説明するが、自分たち独自の①**〝売り〟**、②儲ける**〝ツボ〟**、③**〝動き〟**を組織メンバー全員が納得して**共有**している組織でもある。

つまり、〝メゾ組織〟は自律的に進化・変化、そして自己増殖する能力を備えた、中程度の大きさの組織である。また、擦り合わせが十分可能で、「ニ」族企業が世界で勝つための**最強の組織体制**なのである。ネクスト・ステージでは、少しでもこんな組織に近づけなければならない。

図4.1 「メゾ組織」の戦略フレーム

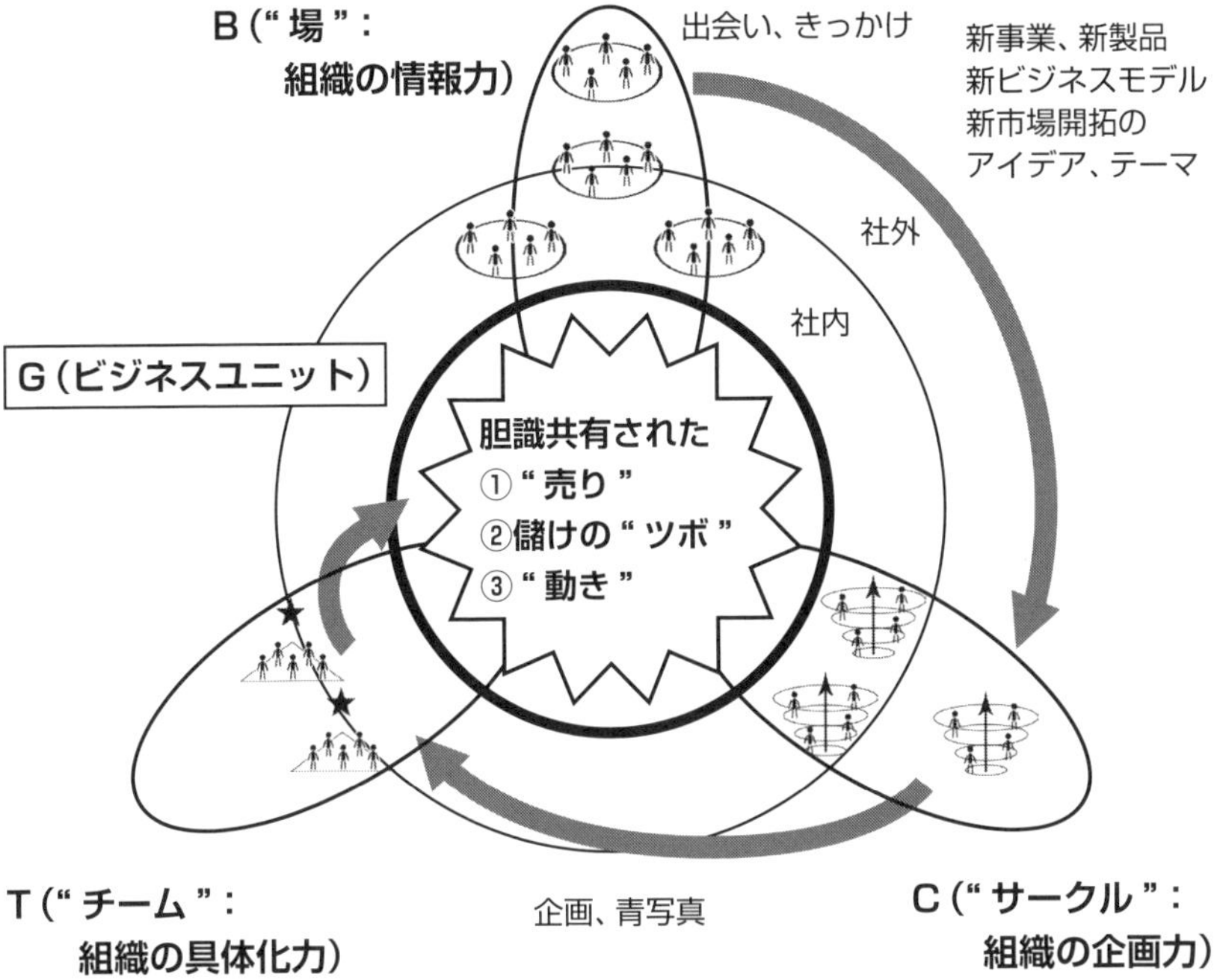

◇メゾとは中間という意味のラテン語

◇個人ではなく、全社でもなく、その中間の組織をいかに活性化、パワーアップするかが「ニ」族企業のポイント——事業組織を“メゾ組織”にする

◇“メゾ組織”とは自律（自立）的に進化・変化を創出するとともに、自らも進化・変化する組織

◇今日の飯（オペレーション）と、将来のための進化・変化（イノベーション）を同時並行させている組織

◇“メゾ組織”は：
①“売り”
②儲けの”ツボ“
③“動き”（他社とは違う差別化された行動モデル）
を“胆識”として共有する

▼事業部門の自律的成長が不可欠

「ニ」族企業は従業員のリストラは最後の手段という経営哲学を暗黙的に持っている。「ヲ」族企業が買収した企業の立て直しに、まず大量の従業員のリストラからスタートするのとは対極にある経営哲学である。リストラを避けるために、「ニ」族企業の宿命として、事業部門が自律的に、そして継続的に成長を続けなければならない。事業にはライフサイクルがあるので、既存事業のオペレーションで今日の糧を得る一方、同時並行的に新製品開発、新事業開発、そして新たな方法でのグローバル展開など大小のイノベーションを常に起こしていかなければならない。**オペレーションとイノベーションの両方を同時にマネジメントすることが「ニ」族企業の宿命**というわけである。

既存事業のオペレーションをしながら、同時にイノベーションを起こし続けることができる組織などあるのだろうか。そんな、連立方程式を満足する答えは存在しないのではないかと弱気になってしまいそうだが、答えはある。

▼そのために四位一体集団にする

どうしたらそんな連立方程式の答えを見つけることができるのだろうか。

道に迷ったら原点に戻ることである。企業であれば**創業期の元気あふれていた時代の組織**を再現してみることである。例えば、創業期のように社員一人ひとりが、組織横断的に4つの「集団」を自由闊達に行き来するような組織にすることである。4つの**「集団」とは、〝場〟、サークル、チーム、グループのこと**である。多くの〝場〟に参加し、サークルで一生懸命企画を考え、プロジェクトチームの一員として開発を具体化している組織の姿である。そのような組織づくりができれば社員が元気に嬉々として働く高収益な企業へと復活できる可能性がある。

そもそも繁殖領域の異なる「ヲ」族企業の組織形態を真似る必要はない。「ニ」族企業の繁殖領域は人（社員）が稼ぐ第Ⅳゾーンである。一方、「ヲ」族企業は周辺のシステムやブランドや規模が稼ぐ第Ⅰ～Ⅲのゾーンで戦っている。繁殖領域や稼ぎ方が本質的に違うわけである。「ニ」族企業が強くなるためには、稼ぐ集団としての社員が元気に動けることを最重要事項と位置付けた組織づくりをすればよいのである。

▼四位一体だったQCサークル

日本の高度成長を支えたQCサークルは職場という〝場〟で、文字どおりサークル活動を行ない、そこでまとめた改善の企画案を同じメンバーがチームとして具体化するものであった。デミング博士が提唱したこのやり方は個人主義の「ヲ」族企業では受け入れられなかったが、集団主義の「ニ」族企業で見事に花が咲いた。

QCサークルはサークルという名はついているが、実態は職場ごとのグループであり、物理的に同じ空間を共有する「場」でもあり、コンセプトを考えるサークルでもあり、さらにそれを実行するチームでもあった。4種類の「集団」が合体し、四位一体化された「集団」がQCサークルであった。この四位一体化された「集団」こそが「ニ」族企業の推進パワーを生み出すエンジンなのである。

▼ベンチャー企業も四位一体

同じように世界のベンチャー企業もこれに当てはまる。会社が潰れてしまえば全員路頭に迷うわけであるから社員は運命共同体としてのグループとなる。組織規模が小さいので皆狭いスペースで色々コミュニケーションを活発に行なうから〝場〟としての性格も強い。さらに、そこからキッカケとしての面白そうなテーマが出てくると、寄ってたかって、ああでもない、こうでもないとコンセプト作りを始める。まさに熱い思いを共有するサークルである。そこからさらに、新製品やサービスの企画が作られると、やってみようということで皆が役割分担したプロジェクトチームとなって具体化に向けてスタートする。創業期の企業やベンチャーでは、当たり前のようにこんなことが繰り返されているわけである。そこには四位一体化された事業組織の最強の姿がある。

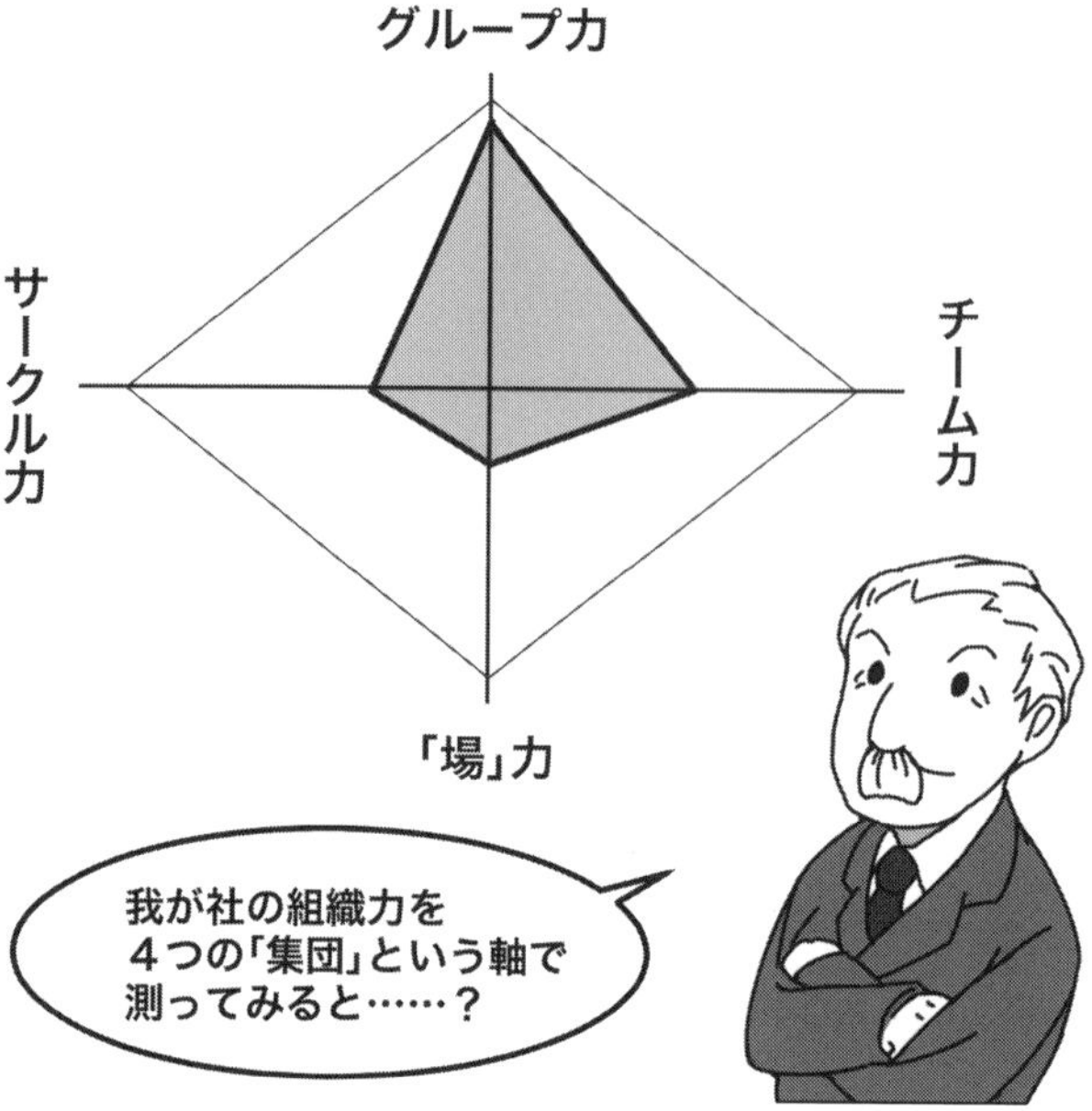

2 〝売り〟、〝ツボ〟、〝動き〟を共有した事業組織

▼SBPに連動した〝売り〟を共有する

〝メゾ組織〟ではそのメンバーが3つのことを共有しなければならない。

その第一番目は**事業としての〝売り〟**である。〝売り〟は「顧客から見た価値」であり、それを分類整理した戦略フレーム（ＳＢＰ：戦略ビジネスプラットフォーム：前出）で整理すると分かりやすい。順番に説明しよう。

匠型事業の〝売り〟は機能・性能で他社とは差別化された製品・サービスの提供である。軽さ、薄さ、省エネ性、処理スピードなどでの他社以上の機能・性能を〝売り〟にする。

具体的な〝売り〟があり、それを旗印とすることによって、顧客に選ばれ、結果として売り上げの増大につながる。ひたすら〝売り〟を進化・深化させることが重要であり、その他のことは二義的であるという考えを組織メンバーが共有しなければ成功しない。

ソリューション型事業の〝売り〟は顧客業界を熟知した提案の密度（質と量）である。顧客企業の製造ラインの最適化、トータルコストの低減などのソリューションの提案が他社以上でなければならない。顧客を競合他社以上に熟知して、ひたすら問題解決のためのソリューションを考え、それを提案するのである。これがソリューション事業にたずさわる組織メンバーが共有すべきことである。

汎用品、汎用サービス事業の〝売り〟は①安さ、②利便性（品揃え、ワンストップ、アクセス、など）、③安心（品質、アフターケア、信用）などである。これらのどれかが他社以上でなければ顧客に買っていただけない。それを可能にするビジネスモデルをいつも考え続け、試し、実行することで事業を継続できる。このことを事業メンバーは忘れてはならない。

このように、自分達の事業の〝売り〟が何かということを常に認識し、旗を立てて共有することが〝メゾ組織〟の条件の第一である。

▼儲ける〝ツボ〟を共有する

メゾ組織の第二の条件は**確実に儲けることのできる〝ツボ〟を共有する**ことである。

匠型事業の儲ける〝ツボ〟はＧＤＴである。製品、またはサービスでＧＤＴ（Global De-facto Top share）つまり、世界で業界標準をとり、トップシェアとることである。ＧＤＴをとれば絶対に儲かる。だから、あれこれ迷わず、その一点に向かってひたすら試行錯誤、仮説検証を進めればよい。このようなブレない〝ツボ〟を共有した組織は強い。

ソリューション型事業の儲ける〝ツボ〟は「使い回し」の徹底である。一過性の案件ではなく、リピートが重要である。リピートには同じ顧客からのリピートと同じ案件のリピードの２種類があるが、どちらでもよい。リピートによる学習効果で儲けることができる。また、モジュール化も使い回しの大きな武器である。多様な物件でも、機能ごとにモジュール化しておくことで、モジュールの使い回しによるカスタマイズが容易になり儲けることができる。ひたすら「使い回し」を追求することによってソリューションビジネスで確実に儲けることができる。

汎用品、汎用サービス事業の儲ける〝ツボ〟は「きめ細かさ」の徹底による機会損失の最小化である。粗っぽい商売ではなく、TPOつまり時と場所と状況に応じた、きめ細かな商品・サービスの品揃えと、TPOによって価格を大きく変えるダイナミック・プライシングが重要となる。「きめ細かさ」こそ儲ける〝ツボ〟であることを共有しなければならない。

このように儲ける〝ツボ〟はSBPごとに大きくことなっている。

そのツボを事業組織のメンバー全員が理解、共有していることが強い〝メゾ組織〟であるための二番目の条件である。

▼〝動き〟を共有する

最後の第三の条件は**〝動き〟の共有化**である。「ニ」族企業は常に進化・変化することで世界の中で存在感を高めることができる。新製品、新サービス、新事業、新ビジネスモデル、新組織体制、新市場、などなど「ヲ」族企業以上の進化・変化のスピードで勝負しなければならない。そのために必須なトライ&エラーの行動や仮説検証を繰り返す行動を本書では〝動き〟と定義しているが、これが「ヲ」族企業以上であることが生存の条件なのである。〝メゾ組織〟の最も重要な条件がこの〝動き〟の共有化であることは言うまでもない。

匠型事業では、GDT製品・サービス開発とグローバル展開に至る一連の仮説検証を繰り返す行動の定石としての流れである。このことは、新製品開発のリセットの章（108頁）で説明済みである。

図4.2 “売り”と儲ける“ツボ”

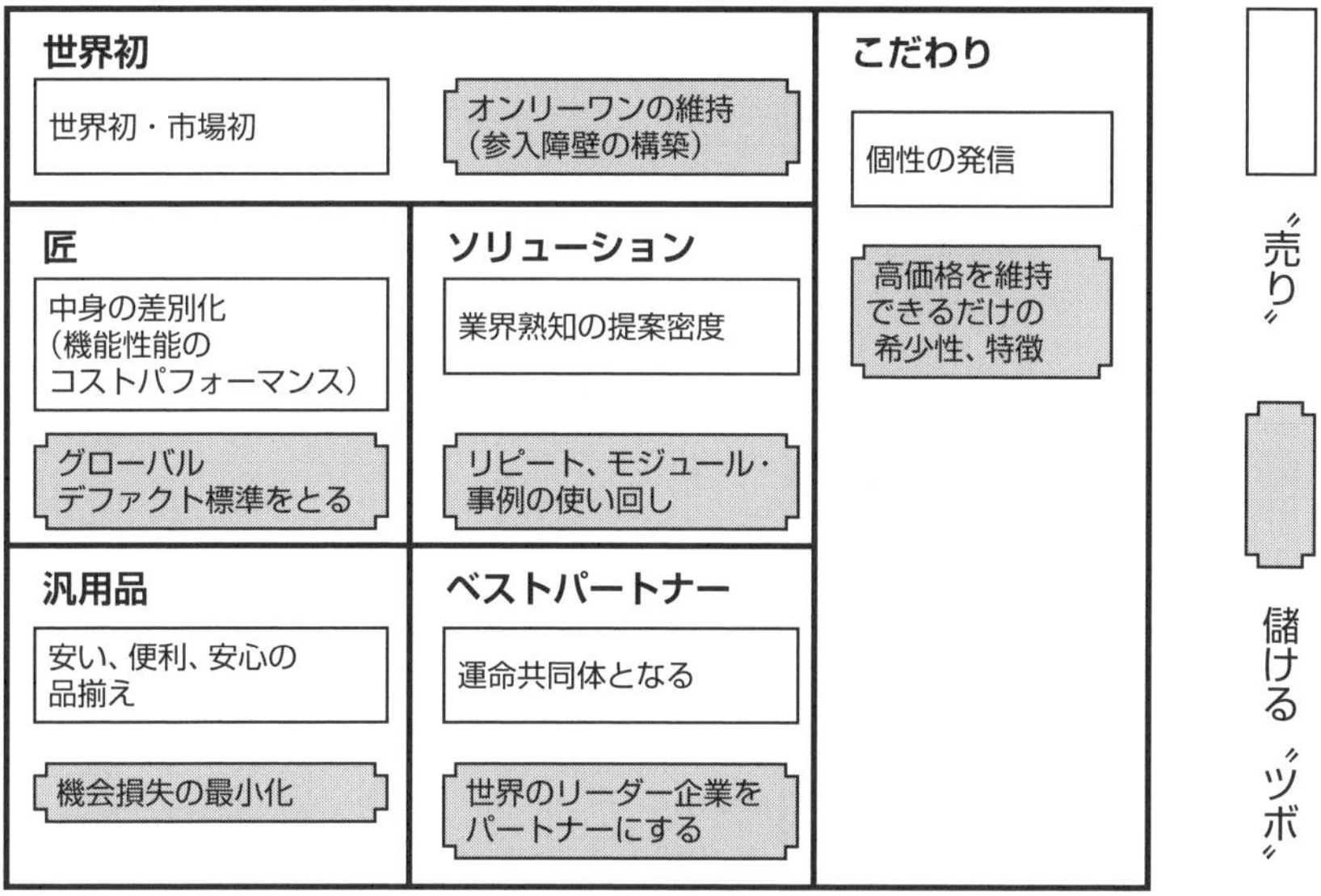

ソリューション型事業であれば、まず顧客業界別に熟知し、現場に入り、キーとなるハードまたはソフトを組み込み、イージーオーダー型でシステム提案を繰り返すという一連の仮説検証行動の流れである。

汎用品・汎用サービス事業であれば、新たな安い、便利、安心で他社以上に突出するビジネスモデルに至るための仮説検証行動の繰り返しである。

▼ヤマト運輸のメゾ組織

メゾ組織で活性化している企業の良い例がヤマト運輸である。

宅配事業は汎用サービス事業であり、SBPの左下のゾーンに位置している。数万人の社員を5000の分社に小分けにしている。四位一体で擦り合わせのできるメゾのサイズにしている。

〝売り〟は「お客様のわがまま実現」である。顧客から見た価値で〝売り〟の旗印をつくって共有している。この〝売り〟を核としてサービスを進化させている。

儲ける〝ツボ〟はその地域をきめ細かく管理した機会損失の最小化である。これを押さえることでサービスコストの削減につながり、利益が増大する。〝動き〟は「お客様のわがまま実現」に至る小さなトライを重ねる行動である。たとえば、瓶に入った漬物の宅配である。液漏れによるトラブルが面倒で競争相手が避けていたが、ヤマト運輸ではある一つのメゾ組織の現場がトラブルをなくす方法を試行錯誤して開発し、宅配を開始した。これはすぐ全社共有されたという。

3 〝胆識〟としての共有化

▼知識、見識、〝胆識〟

〝胆識〟は昭和の思想家安岡正篤《まさひろ》の名言として知られている。人は本を読み、教えられたりして知識を獲得する。その知識は自らの体験、経験と結びついて一段上の見識となる。この見識は判断力のもとである。さらに見識は人が大きな問題に直面して自らの問題として考え抜くことによって〝胆識〟となる。〝胆識〟は、しっかり胆《はら》に落ちて、自分自身の問題として決意と覚悟を伴った行動力に直結するものであって、見識のさらに一段上に位置するものである。行動に直結するのは知識でもなく、第三者的な見識でもなく、自分自身の問題として考え抜いた結果としての〝胆識〟なのである。人や組織は〝胆識〟状態になっていなければ、そこから粘り強い真の行動は生まれないということである。

組織の活性化、行動力アップに必要なのは〝胆識〟の獲得だが、これは当事者が具体的な問題を突き付けられ、追い込まれないと獲得できるものではない。

▼個人でなく、組織集団を追い込む

〝メゾ組織〟の3つの条件である、〝売り〟、儲ける

〝ツボ〟、そして〝動き〟をメンバーが**〝胆識〟として共有しなければならない**。その〝胆識〟を共有するために、社員を追い込むことが必要だが、「ニ」族企業では個人を追い込んではいけない。切れるか、逃げてしまう。「ニ」族企業では個人でなく**組織を崖っぷちに追い込み、切羽詰まらせること**が重要である。単に上からの指示や恫喝するだけでは、本当の意味で追い込むことはできない。信頼感と、理詰めで納得させることが必要である。

例えば、事業のグローバル展開が必要だとする。まず、なぜグローバル展開が必要なのかを理解させなければならない。一般論としてグローバル展開が必要だということは社員も分かっている。ただそれが一般的な知識、第三者的な見識に止まっているわけである。これを〝胆識〟にするためには、グローバル展開が上手くいかない場合は事業が低迷し、自分の部署がリストラされる可能性があることも伝える必要がある。これは単なる脅しではなく、グローバル展開に失敗すれば遅かれ早かれ実質的に組織としては意味がなくなるからである。

このように、真面目に、そして正面から真剣に組織集団を追い込むことによって、社員達は初めて徹底的に考え始め、互いに熱い議論をして、一つの方向としての〝胆識〟を獲得することができる。〝胆識〟を共有すればしめたもので、粘り強い集団行動が次から次へと生み出され、多くの仮説検証の繰返しを経て目的とするゴールに到達できるわけである。集団としての〝胆識〟共有化は「ニ」族企業にとって欠くことのできないパワーの源泉である。具体的な方法論については次の章で説明する。

まとめ：

1.「ニ」族企業は社内から進化・変化を起こし続けなければならない。特に事業部門は「ヲ」族企業のようなオペレーションだけではなく、自ら自律的に創意工夫というイノベーションを継続して、事業部門自体の永続的な存続と繁栄を目指さなければならない

2. 「ニ」族企業の経営の最小単位は集団であり、その集団は〝場〟、サークル、チーム、グループの4つの性格と機能が合体した、いわば四位一体の〝メゾ集団〟であることが望ましい

3. 〝メゾ集団〟の定義は、「ニ」族企業の特性である擦り合わせのできる中程度の大きさの組織で、①〝売り〟、②儲ける〝ツボ〟、③〝動き〟の3つをメンバー社員が〝胆識〟として共有している集団である

4. 〝売り〟、儲ける〝ツボ〟、〝動き〟はすべて、「顧客から見た価値」の戦略フレーム（戦略ビジネスプラットフォーム）で整理できる

5. 〝胆識〟とは、人や組織の行動を誘発するもので、知識や見識の上に位置するものである。〝胆識〟なくして目標に至る真の行動力を持つことはできない

6. 「ニ」族企業では〝胆識〟を共有するために、個人を追い込むのではなく、組織集団を追い込むことが必要である

ネクスト・ステージに向けてのセルフ・チェック

□1. 事業部門が今日の糧を稼ぐオペレーション至上主義に陥っていないか？

□2. 事業部門の組織体制が縦割りでなく、四位一体の〝メゾ組織〟になっているか？

□3. 事業部門の〝売り〟、儲ける〝ツボ〟、〝動き〟が明確か？

□4. それらは戦略ビジネスプラットフォームにしっかり連動しているか？

□5. 事業部メンバーに〝胆識〟として共有され、行動に落とし込まれているか？

□6. 組織集団を真剣に追い込むことを忘れ、安易に「ヲ」族企業の真似をして、目標管理制度のもとに中途半端に個人を追い込んでいないか？

5　中期経営計画のリセット

1　「中期経営計画」の戦略フレーム

▼現在の中計はグズグズの三角形

「ニ」族企業がつくる中期経営計画はその骨格となる事業計画が明確でない。すでに述べたように戦略がないといわれる理由のひとつである。「ヲ」族企業の中計はつぎの3つが明確である。明確であると同時に互いに整合性がとれたすっきりとした三角形になっている。

〝形〟先にありきの「ヲ」族企業においては経営の要となっている。

①**目指す数値、大きさ**（売上、利益、利益率……）
②**戦う土俵**（事業領域、技術領域、地域……）
③**目指す仕組み**（ビジネスモデル、体制、制度……）

一方、「ニ」族企業の三角形はグズグズである。方向づけと努力目標としての数値目標が設定されるが〝形〟になっていない。それでも事業部門の現場では、策定された中計の方向と目標数値に向けて時間をかけてアクションプランに落とし込む。しかし残念ながら現場が動かないのである。その理由は‥

1．アクションプランが表面的、形式的
2．目標に至る筋道が描かれていない
3．行動の具体的イメージがないまま単に線を引いた工程表になっているこれでは変わらない。**進化・変化を継続するような新たな中計づくりの枠組みが必要**なのである。

▼「ニ」族企業の中計の中身とそのつくり方

多くの「ニ」族企業で策定されている中期経営計画の内容は‥

1. 自社を取り巻く経済・社会・産業構造の分析
2. 業界動向、競合他社動向の分析
3. 自社の強み弱み分析
4. 高付加価値化に向けて、グローバル化に向けて、顧客価値強化に向けて
5. 事業別施策（基本方針を本社が示して、事業部ごとに計画づくり）
6. 新事業開発（開発中のものを列挙）
7. 組織風土の活性化、コンプライアンスの徹底
8. 数値目標（売上高、営業利益、キャッシュフロー、ROE、……）

また、一般的な中計のつくり方は‥

1. 企画部で分析にもとづく基本方針を作成（各部門へのヒヤリング）
2. 基本方針に従って、各部門が3カ年計画を作成
3. 企画部で調整、クリッピング（束ねる）
4. 全体の形を整えて経営会議で承認

▼数値だけ独り歩き

多くの時間とエネルギーをかけて策定した中期経営計画だが、その具体化となると従来のビジネスの延長線上の動きに終始していることが多いようである。事業部門に立ち入った内容ではなく、行き詰まっている部門は行き詰まったままで解決策は先送りされる。横断的取り組みが不十分であるため、既存の事業部門の枠を超えた展開とはならず、結局わかりやすい数値目標だけが一人歩きすることになる。

これとは正反対に、「ヲ」族企業にとって中計はなくてはならないバイブルである。すべての意思決定、行動のよりどころになる。目標としての〝形〟をしっかり定め、明確に責任と権限を分担することで具体化していく。一方、「ニ」族企業の中計は事

業部門の積み上げ的性格のものであり、今事業部門が進んでいる方向を戦略的用語で整えた作文である。結局、従来通りのビジネス展開をひたすら一生懸命することに全エネルギーをつぎ込み、「変える」ための行動は誘発されることはない。このことを、トップもビジネスの現場もわかっていながら、新たな手を打てていない。

▼三角形の〝形〟を整えるのではなく、〝動き〟を中計に組み込む

大学の先生や経営コンサルタントの多くは、「ニ」族企業の三角形はグズグズだから、「ヲ」族企業の中計を見習って、もっとすっきりとした三角形になるように戦略の〝形〟を整えるべきだという。たしかに到達目標としての明確な事業の〝形〟を前面に出した「ヲ」族企業型の中計に変えるのも一つの選択ではある。ただ、そのためにはトップが自ら深く関与して、拡散、混在した事業を切り離し、精緻な事業の〝形〟に整え、その〝形〟を実現する戦略シナリオをつくり、それをトップダウンで実施させるような企業体質転換をしなければならない。このような体質転換は一部のオーナー型企業であれば可能だが、一般的な「ニ」族企業にとってほとんど不可能に近い。体質を変えるのではなく、「ニ」族企業のありのままの体質を基本にしてどうしたら改革、進化・変化をスピーディに実施できるかを考えたほうがよさそうである。

そこで〝動き〟である。「ニ」族企業は目標としての〝形〟の具体化ではなく、小さな創意工夫、小さな多様な仮説検証行動など日々の〝動き〟の積み重ねで進化・変化を継続して成長してきた。ということは、**中計に共有すべき〝動き〟をしっかりと組み込むことで事業の進化・変化を加速する**ことができるはずである。誤解を恐れずに大胆に言えば、「ヲ」族企業のような極端な選択と集中による、精緻な三角形をつくる必要はない。三角形は適当に整える程度でよいのである。

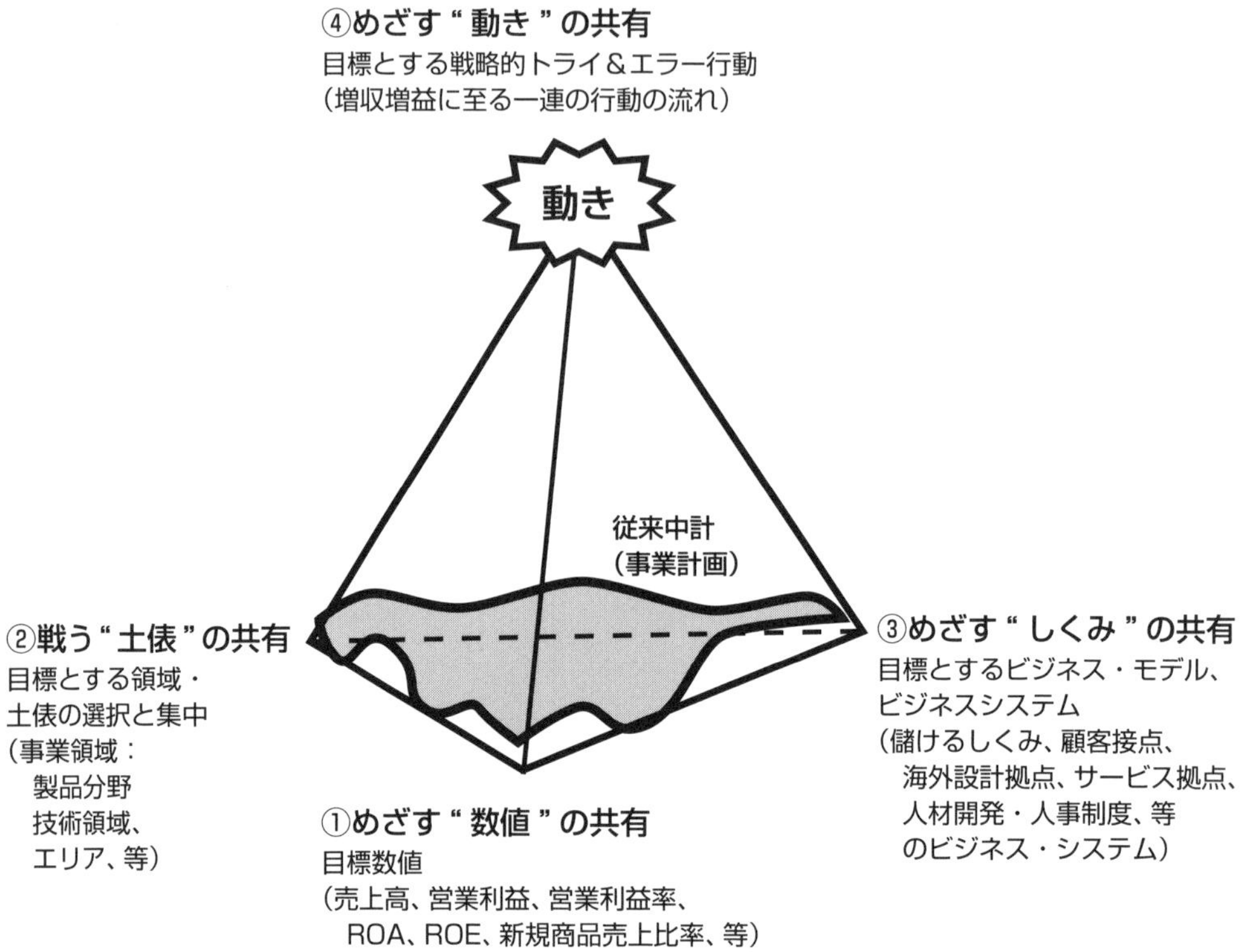

◇仮に三角形の形を整えても、進化・変化のスピードは加速しない

◇次期中計では、進化・変化のための“動き”を中期経営計画の頂点に据える　⇒　三角錐

◇極端に言えば、底辺の三角形は多少グズグズでよい

日本企業は進化・変化の“動き”で世界と勝負するのだから、“動き”を頂点に据える！

図5.1 「中期経営経計画」の戦略フレーム

◇グズグズな三角形は多くの日本企業の中計の特徴

◇現在の中計は方向づけと努力目標としての数値目標が設定される

◇策定された中計の方向、目標数値に向けて、事業部門、現場がアクション・プランに落とし込む

◇問題は中計を受け取った現場が動かない：
①達成に向けてのアクションプランが表面的、形式的
②日本企業の生命線である進化・変化のスピードに最も重要なのはT&E 行動なのだが、そうではない工程表的なアクションプランになっている
③ T&E 行動の具体的イメージがないまま工程表に線を引いている

進化・変化の行動につながる新たな中計枠組みが必要

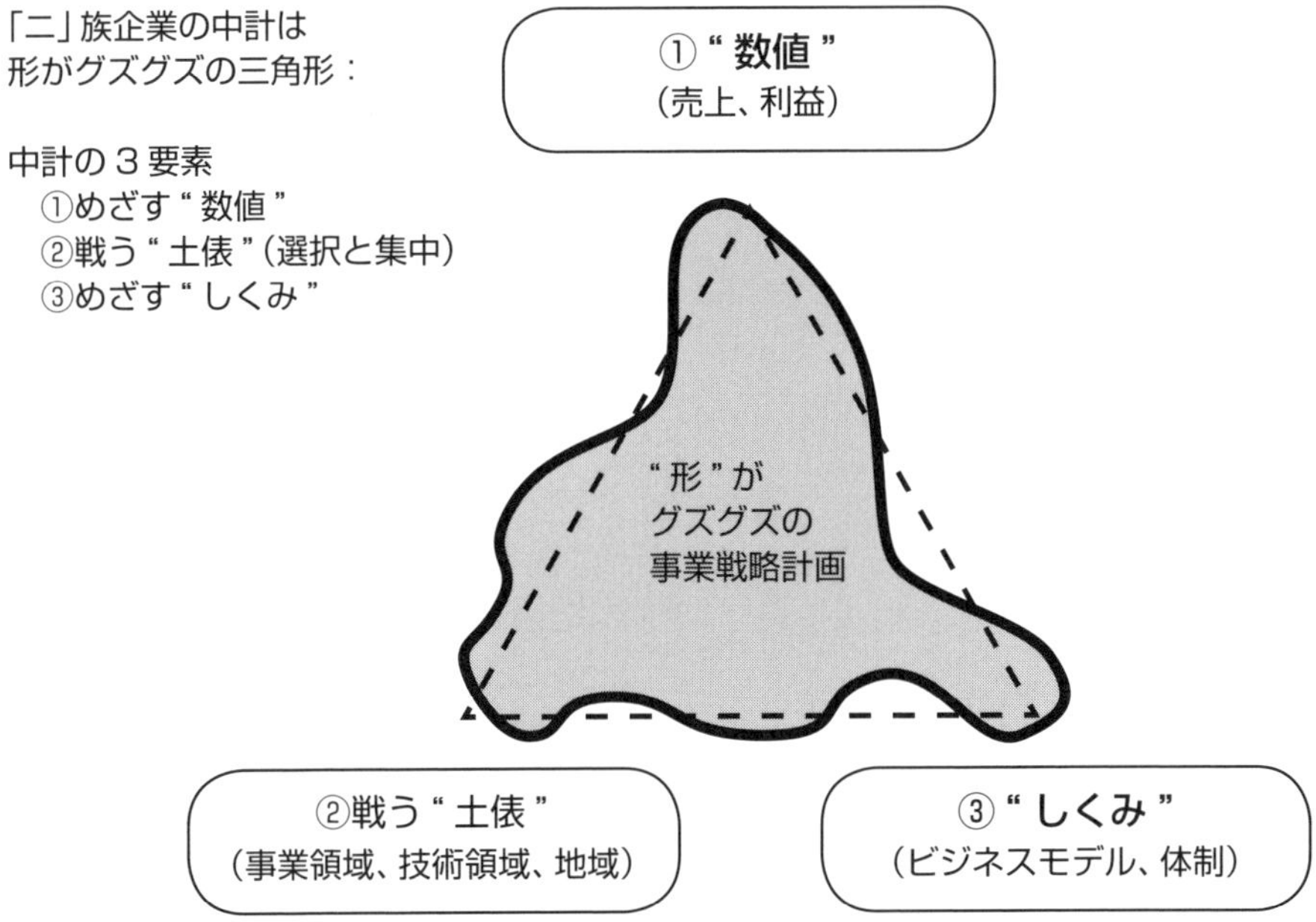

▼〝動き〟を中計の三角錐の頂点に置く

繁殖領域で周囲を先進「ヲ」族企業と新興「ヲ」族企業に囲まれている「ニ」族企業がネクスト・ステージの逆襲に成功するために必須のことは、〝動き〟の差別化である。新製品開発や、新市場開拓につながる行動のスピードやアプローチ方法などが「ヲ」族企業に比べてどれくらい優れているかで勝負が決まる。これまでも「ニ」族企業は〝動き〟で世界に勝負してきたのであるが、その〝動き〟を当たり前のことであって特に重要だと認識せずに、漠然と捉え漠然と共有してきた。自分達の凄さに気づいていなかったのである。ここに「ニ」族企業の活路がある。ネクスト・ステージでは、より戦略的に〝動き〟を再認識、再定義し、それを積極的に共有することで「ヲ」族企業と十分勝負ができる。中計は社外のステークホルダー（関係者）へのメッセージであると同時に、それ以上に社員へメッセージを伝える大切な手段でもある。「ニ」族企業の中計は三角形でなく、三角錐と考えたほうがよい。そして、その三角錐の頂点に〝動き〟を置くことで「ニ」族企業はもっと強くなれる。

2 増収増益に至る戦略的〝動き〟のデザイン

▼〝動き〟をデザインするための3要素

〝動き〟を社員が共有するためには〝動き〟を分かりやすく描き、見せなければならない。詳細はそれぞれの事業によって異なるが、中計レベルでのざっくりとした、しかし肝心な要素を組み込んだ〝動き〟のデザインを示すのである。ここまでやらなければ組織は動かない。

〝動き〟のデザインには3つの要素が必要である‥

1．**目標**――事業の増収増益を保証する十分条件。到達するのはやさしいことではないが、これを押さえることで増収増益が保証されるという目標。売上や利益目標ではない。

2．**関門**――目標に到達するために必ず突破しなければならない大きな関門

3．**柳ガエル行動シーケンス**――関門を突破するためには何度も柳ガエルのトライが必要とされるが、その柳ガエル行動を一連の行動セットの繰り返しとしてパターン化したもの

これらについて順に説明する。

▼増収増益の十分条件の設定

中計における事業戦略づくりの第一歩は「顧客から見た価値」の戦略フレームである。**どの戦略ビジネスプラットフォームで戦うのかを決める**。これが決まると、自動的に〝売り〟と儲ける〝ツボ〟も見えてくる。これを自社の事業に当てはめることで増収増益の十分条件となる。以下、ソリューション事業を例に説明することとする。

ソリューション事業における〝売り〟は顧客を熟知した提案のスピードと量であることは既に述べた。また、儲けの〝ツボ〟はリピート率の高さを維持することであることも述べた。従って、一般論としてのソリューション事業の増収増益の十分条件は「顧

客を他社以上に熟知し、リピート率を高める」ことである。これではまだ定性的な表現になっているので、それを定量化して、例えば「顧客を熟知して80％のリピート率」とすることでわかりやすい目標となる。

▼突破すべき関門

つぎは、その目標に至る関門である。このソリューション事業の場合、２つの大きな関門が横たわっている。

第一関門として、世界で業界標準となるキーハード、キーソフトの開発。第二関門として、顧客業界を熟知し、他社を凌ぐ圧倒的使い回し密度の実現である。

「ヲ」族企業のソリューション事業の多くは、全て外部のハードやソフトを組み合わせることで成り立っている。残念ながら「ニ」族企業がこれを真似しても組み合わせのマネジメント力が乏しいために、良いものはできるのだが大きな赤字を出してしまう。

「ニ」族企業のソリューション事業は自社のキーハード、キーソフトの周辺に限った部分のソリューション事業が増収増益につながる。従って、キーハード、キーソフトの開発は避けて通れない関門なのである。また、第二関門は事例やモジュールの使い回しこそが、ソリューション事業の増収増益の定石であり、これも避けて通れない関門である。

▼柳ガエル行動のシーケンス

世界で業界標準となるキーハード、キーソフトの開発という第一関門を突破するためには、以下の１～７の一連の行動を一つの行動セット、またはルーチンとして、ひたすら順序を追って繰り返すことである。既に説明した匠型のＧＤＴ製品開発の開発行動と同じである。

柳の枝に飛びつこうとして、何度もチャレンジする蛙の〝動き〟とイメージが重なる。

１　対象業界Ｎｏ．１企業を熟知する
２　〝売り〟（顧客から見た技術の〝塊〟）をつくる

3　10％ブツで世界のリーダー企業に提案しまくる
4　真のニーズの把握するまでトライする
5　目の前のブツを叩いて「上書き」を繰り返す
6　スピーディに試作を繰り返して顧客に提示
7　グローバル水平展開のためのモジュール化を試みる

同様に、第二関門の「顧客業界を熟知し、他社を凌ぐ圧倒的使い回し密度の実現」については以下のトライ&エラーのルーチン行動を繰り返すことである。

1　顧客業界を熟知する
2　キーハード、キーソフトを試行錯誤で提案に組み込む
3　何度も顧客の現場に入る、見る
4　事例の〝溜り〟をつくり、共有化して使い回す
5　10％完成度の粗いシミュレーションでよいから顧客との場をつくる
6　次はきめ細かな顧客メリット・シミュレーションで勝負
7　事例を加速度的に増やして一気にリピート展開粗くてもいいから増収増益に至る〝動き〟のデザインを組み込むことで、自社を変えることができる中計となるのである。

図5.2 “動き”のデザイン

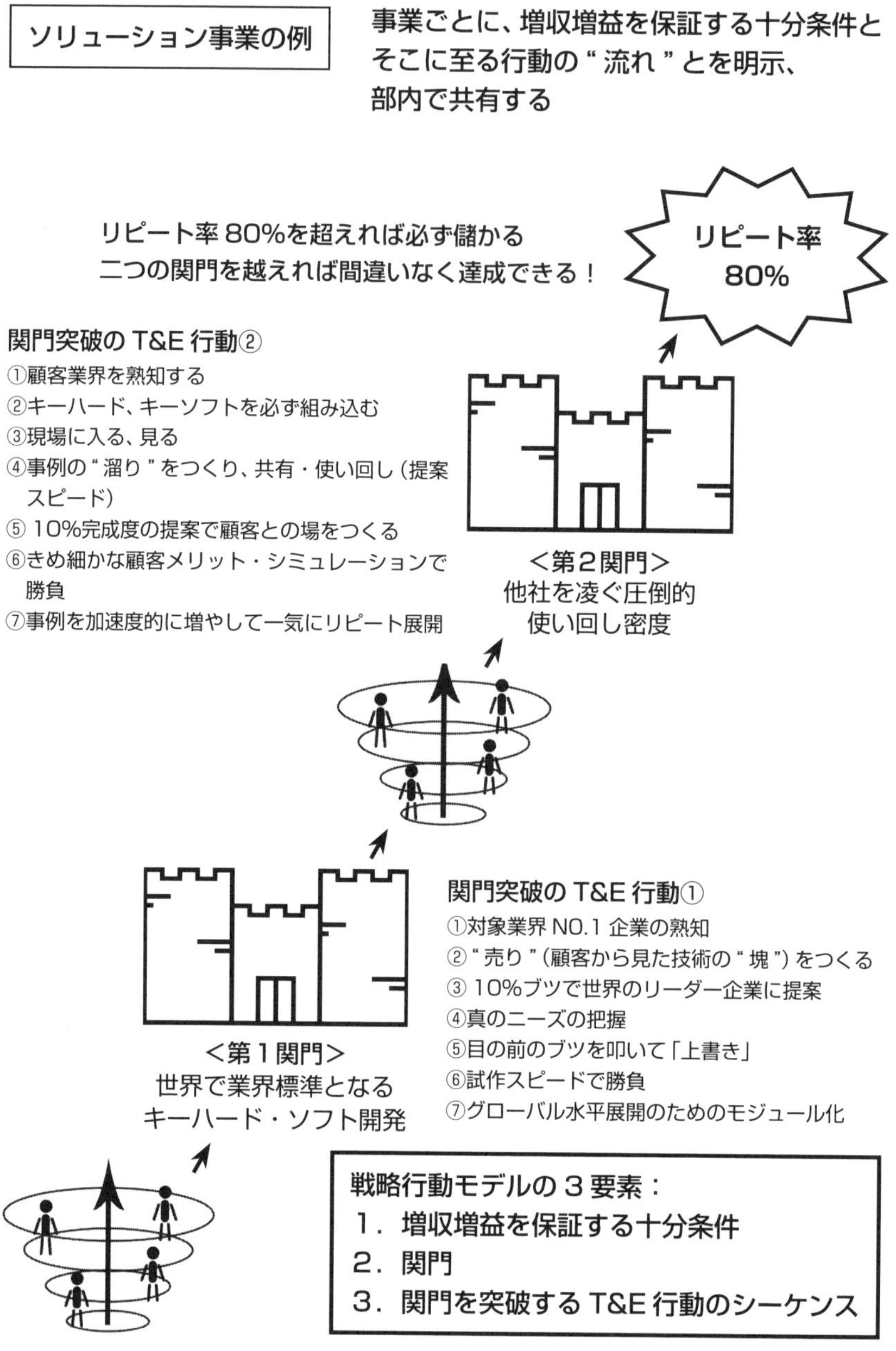
ソリューション事業の例
事業ごとに、増収増益を保証する十分条件とそこに至る行動の“流れ”とを明示、部内で共有する
リピート率80%を超えれば必ず儲かる
二つの関門を越えれば間違いなく達成できる！
リピート率
80%
関門突破のT&E行動②
①顧客業界を熟知する
②キーハード、キーソフトを必ず組み込む
③現場に入る、見る
④事例の“溜り”をつくり、共有・使い回し（提案スピード）
⑤ 10%完成度の提案で顧客との場をつくる
⑥きめ細かな顧客メリット・シミュレーションで勝負
⑦事例を加速度的に増やして一気にリピート展開
<第2関門>
他社を凌ぐ圧倒的
使い回し密度
関門突破のT&E行動①
①対象業界NO.1企業の熟知
②“売り”（顧客から見た技術の“塊”）をつくる
③ 10%ブツで世界のリーダー企業に提案
④真のニーズの把握
⑤目の前のブツを叩いて「上書き」
⑥試作スピードで勝負
⑦グローバル水平展開のためのモジュール化
<第1関門>
世界で業界標準となる
キーハード・ソフト開発
戦略行動モデルの3要素：
1．増収増益を保証する十分条件
2．関門
3．関門を突破するT&E行動のシーケンス

3 中計のつくり方をリセットする

▼ソフト・システム型の適用

「ヲ」族企業のトップダウン経営ではトップが背水の陣で考え抜き、社内外の知恵を活用し、個人として〝胆識〟を持てば会社を動かすことができ、変えることができる。

一方、「ニ」族企業の経営では、少々厄介ではあるが、集団としての〝胆識〟をつくり、共有化できれば、組織としての行動が誘発され、会社を高収益化することができる。「ニ」族企業が元気だった頃は、幸運にも企業に余裕があり、チャレンジすべき先進「ヲ」族企業の先行事例が豊富にあったために、意識することなく、〝胆識〟が共有され〝動き〟が活発であった。しかし、残念ながら〝動き〟が失われつつある今日、**早急に集団としての〝胆識〟をつくり、共有化しなければならない。**そして、そのためには従来の中計づくりの方法論とは別の方法論が必要なのだが、「ニ」族企業の多くはまだ実施していない。

▼ソフト・システム型の方法論

英国のランカスター大学のチェックランド教授は意思決定のシステム論の専門家である。彼は集団の意思決定の方法論としてソフト・システム型の考え方を提唱した。これはデカルトの確立した自然科学に適用されるハード・システム型の方法論とは真逆である。

ハード・システム型を簡単に説明すると、まず全体を原因と結果の因果関係で部分に分けて分析する。次に、それぞれの部分を最適化して、再統合することで全体を最適化させるという方法論である。「ヲ」族企業の経営は科学的方法を重視する立場をとったハード・システム型である。これに対してチェックランドの考え方は逆である。

企業のような人間が介在する世界では自然界のような明確な因果関係がないのだから、部分に分けるのではなく、当事者達が集まって、自由で柔軟な考え方で議論し、全体を納得できる形で再定義したほうがよいというものである。この**チェックランドの考え方**はビジネスの現場で集団が重要な役割を果たしてきた**「二」族企業の経営モデルにフィット**したものと考えられる。〝胆識〟という言葉を使えば、集団の〝胆識〟を構築するための方法論ということになる。単なるワイガヤではない。

広く知られているブレスト（ブレーン・ストーミング）がアイデアや考えを広げるための方法論であるのに対して、このソフト・システム型のアプローチは**組織の意思を集約するための方法論**なのである。このやり方で戦略的に動く中計をつくり、業績を伸ばした企業も多い。以下、このソフト・システム型による中計づくりの概要を説明しよう。

▼ビジネスの当事者を集める

ソフト・システム型の中計づくりのゴールは集団の〝胆識〟づくりである。ビジネスの当事者を集めてプロジェクトを発足させ、中計の骨格をつくるわけだが、誰がたたき台をつくるかが大きなポイントになる。組織全体で共有することを考えれば、最もふさわしい層は**リーダー層や若手管理職**であろう。経営層とビジネスの現場もしくは顧客との間に挟まれて身動きが取れないほど忙しく、そして追い込まれた人たちであるから、〝胆識〟をつくるには最適なのである。彼らは次世代の経営幹部候補生でもあるはずだ。

▼〝思い〟先行、分析は後

「ヲ」族企業が得意なハード・システム型では分析を先行させる。経済動向、産業動向、当社を取り巻く競争環境などについて客観的な分析を最優先させる。一方、ソフト・システム型ではメンバーの思いや意思を先行させる。分析は戦略の仮説ができた後、検証という位置付けで行なう。あくまで分析は後である。多くの手法は段階的に手続きを踏んでいくと1つの答えに到達できるような一種のマニュアルだが、ソフト・システム型はあくまで方法論、アプローチの仕方であって、答えが保証される手法マニュアルではない。集まったメンバーによっても出来上がる〝胆識〟の内容は大きく異なるし、ソフト・システム型を経験した適切なリード役、整理役が不在だと議論が拡散して空中分解することも多くある。

確かなことは、優秀なミドルが10人程度集まって、適切なリード役、ソフト・システム型を経験した整理役がいて、50時間くらい徹底的に議論すれば、全員が納得する〝胆識〟に到達することができる。そして、それがその企業の実力であり、実行可能な答えなのである。それ以上でもそれ以下でもない。

▼戦略フレームを活用した仮説検証の繰り返し

ソフト・システム型アプローチによる中計づくりは、メンバー達による仮説検証の繰り返しである。ポンチ絵のような不完全な事業仮説からスタートして、仮説検証の議論を繰り返すわけであるが、そのとき仮説を投げかけたり、**論点を整理するツール**があると議論の深みが増す。たとえば**本書の各章で提示した戦略フレーム**などは、仮説を投げかける材料として、また議論を整理し、まとめるためのツールとして活用できる。もちろん「ヲ」族企業がよく使うポーターのポジション・チャートやコトラーのマーケティング関連のチャートなども議論の整理のツールとして加えてもよい。

▼座礁

このソフト・システム型での中計づくりで必ず遭遇するのが座礁という現象である。議論を進めていくうちに、およそ正味20時間くらい経つと、現状の根深い問題点が見え始めてくる。多くは規模の問題、強力なコンペチターの存在、当社の技術力の問題などだが、最も本質的な人材の問題なども大きな壁となって、議論は空転し始める。

従来の分析先行型の中計づくりであれば、この時点で問題点、課題を整理列挙して、意見の分かれることのない落としどころを決めて○○の組織横断的取組み、○○の抜本的改革、高収益化に向けての○○化、などを並べた中計をつくることになる。一見正しいが、動かない中計である。

▼50時間で意思の集約

ソフト・システム型では、実はここからが勝負である。議論の空転というか、より根深い、深海に潜水していくような雰囲気でのやり取りが続くが、ここら辺で議論のターンオーバー現象がおこる。それまで、やや第三者的に議論していたメンバーの多くが一人称で語り始める。「こんな会社俺だったら……」「この事業を俺に任せてくれれば……」などと発言し始める。そんな発言の中から一つの突破口となるキッカケが必ず出てくる。一たびキッカケを摑めればしめたもので、メンバー全員が食べ物を前にした飢えた動物のように事業戦略を組み立て始めるのである。ここまでくる間に、多くの議論をして、問題状況を共有しているから一気に進む。ちょうどバラバラだったジグソーパズルの断片から勝てる絵が見え始める。**最終的にトータル50時間ぐらいの正味の議論を経た頃に、メンバー全員の目から鱗が落ちるのである。集団の〝胆識〟が構築された**わけである。

まとめ：

1. 「ヲ」族企業の中計は①数値、②領域、③ビジネスモデルが互いに整合性のとれた三角形であるのに対し、「ニ」族企業の中計はグズグズの三角形である
2. 「ニ」族企業では、進化・変化を生み出す〝動き〟が重要であり、〝動き〟を頂点とした三角

錐の中計をつくらなければならない

3. 〝動き〟をデザインするには、3つの要素が必要である。①目標：増収増益を約束する十分条件、②突破すべき関門、③柳ガエルの行動シーケンス

4. 集団の〝胆識〟づくりが生命線である「ニ」族企業においては、中計のつくり方をリセットする必要がある。それは、「ヲ」族企業が得意な自然科学の方法論であるハード・システム型（分析先行）からソフト・システム型（意志先行）への転換である

5. ソフト・システム型は組織の意思を集約し、集団の〝胆識〟を構築する方法論である

6. 仮説検証の議論を繰り返し、座礁を乗り越えて、おおよそ50時間で集団の〝胆識〟としての中計の骨格をつくることができる

ネクスト・ステージに向けてのセルフ・チェック

□1. 中計の売上と利益の数値だけが独り歩きしていないか？

□2. 今の中計で世界を相手に勝てる気がするか？

□3. 事業の〝形〟だけを問題にしていて、〝動き〟が忘れられていないか？

□4. ビジネスの現場、製造の現場における進化・変化のための行動が誘発されるような中計になっているか？

□5. 相変わらず「ヲ」族企業と同じ分析先行のハード・システム型で中計づくりを進めようとしていないか？

□6. 集団の〝胆識〟づくりに向けて50時間以上の真剣な討議をしているか？　最初から落としどころを決めて、定められた期間でまとめるような中計の議論をしていないか？

□7. 多忙ではあるが、次世代の経営幹部候補生に50時間の討議の時間を与えているか？

図5.3　50時間の中期経営計画づくり

SSA（ソフト・システムズ・アプローチ）のプロセス

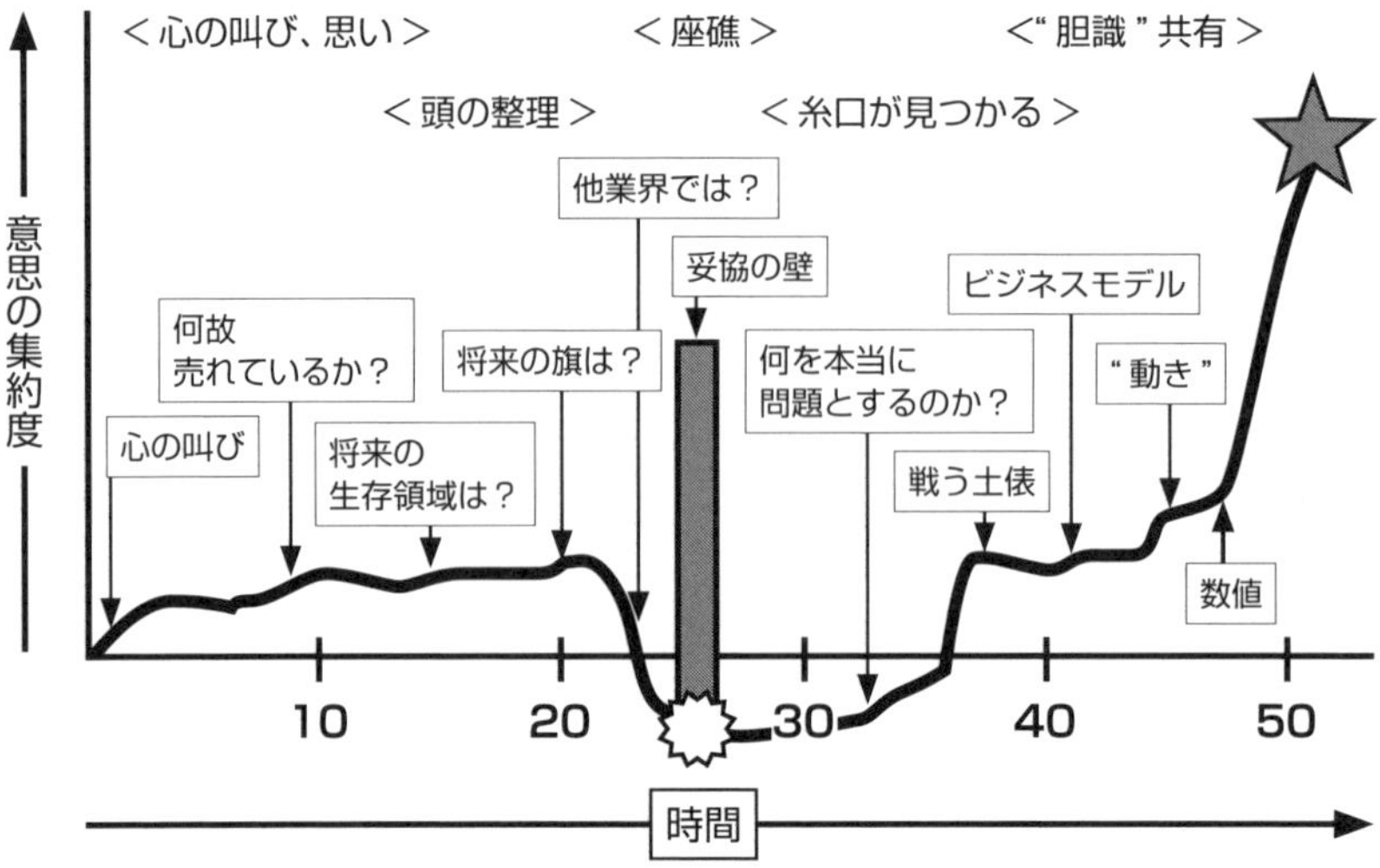

◇中計の骨格づくりのメンバーは将来の経営幹部候補生を集める

◇答申ではなく、自ら体を張って実行する決意書

◇納得するまでデスマッチ（最低50時間）

◇必ず途中で座礁する

◇座礁が一人称で考えるキッカケとなり、糸口が見つかる

◇頭の中では整理できたが、最終段階では本当に自分が体を張るかどうか

◇メンバー全員の"胆識"となるまで続ける

◇唯一"胆識"だけが行動に結びつく（知識→見識→"胆識"）

◇仮説検証型による意思集約のための方法論

"胆識"を共有するアプローチとしてSSAは適している

Ⅲ　まとめ　我ら「二」族企業は、今、何をなすべきか

我ら「ニ」族企業は、今、何をなすべきか　７つの提案

Ⅰでは「ニ」族企業の繁栄と停滞を５つの事業戦略フレームで説明した。また、Ⅱでは今後「ニ」族企業が逆襲するための要件を、５つの事業戦略・フレームを使って説明した。ここでは全体のまとめとして「ニ」族企業がネクスト・ステージに向けて今、何をなすべきかを考え、整理してみよう。

①　２つの選択と集中

事業の〝形〟と〝動き〟のそれぞれについての選択と集中が必要ということである。

単に、儲かっている事業を残して、赤字の事業を切り捨てるという事業の選択と集中を超えて、〝形〟としての事業領域およびビジネスモデルの選択と集中が必要とされることはいうまでもない。これは「ヲ」族企業が得意なマネジメントで、走りながら〝形〟にしていく「ニ」族企業は不得手なのだがもう少し〝形〟を整える努力をしたほうがよい。

「ニ」族企業ではそれに加えて、いや、それ以上に**進化・変化の基となる〝動き〟の選択と集中を実行する必要**がある。残念ながら社員の動きがバラバラで拡散している。ただでさえ忙しい中から進化・変化を生み出し続けるためには**〝動き〟をマネジメントすることが必須**である。無駄な動きを削り、成果に結びつく〝動き〟を選択し、それに集中させなければならない。くどいようであるが、絶えざる進化・変化が「ニ」族企業の生命線であり、〝動き〟を経営戦略のまな板の上に乗せなければ世界の「ヲ」族企業と互角には戦えない。ビジネスモデル

に代表される〝形〟の選択と集中は当たり前のこととして、それに**行動モデルとしての〝動き〟の選択の集中を加えた両方を今すぐ実行**しなければならないのである。

②　2つの企業カルチャーのマネジメント

2つの企業カルチャーとは「ヲ」族企業と「ニ」族企業のカルチャーである。

事業の全体設計図を最初に精緻につくり、内外の経営資源を組み合わせて、一気に立ち上げて拡大するのが得意な、組み合わせ型の「ヲ」族企業のカルチャーは魅力的である。

一方、丹念にきめ細かく擦り合わせて、高品質の製品・サービスをつくり、それをさらに磨きをかけ続ける「ニ」族企業のカルチャーも同じように魅力的である。

世界最強の企業はこの「ヲ」族企業と「ニ」族企業のカルチャーの特性をうまくハイブリッド化した企業であろう。きめ細かな開発は「ニ」族の拠点で行ない、それを「ヲ」族の拠点で一気にグローバル展開するといったやり方である。既に、欧米の強力な「ヲ」族企業はこのことを知っているかのごとく日本に開発拠点を展開し始めている。何か恐ろしい気がする。

「ニ」族企業が強力なグローバル企業になるためには、「ニ」族と「ヲ」族の2つのカルチャーの長所を使い分けるマネジメントが必須である。

開発拠点、製造拠点、ソリューションの拠点づくりはもちろんのこととして、グローバル人材育成も視点を変えなければならない。「ヲ」族をよく知った「ニ」族マネジャーの育成、「ニ」族を知った「ヲ」族マネジャーの採用がグローバル化を左右するのである。

また、大胆な構想ではあるが、タイとベトナムと日本の「ニ」族連合をつくり、擦り合わせ型のモノづくり、サービスづくりで世界をリードするのも面白いかもしれない。日本国内の製造、開発と一体化した、ベトナムやタイの拠点体制をつくるのである。

「ニ」族連合では、開発や製造に関わる技術や人材があたかも一つの拠点のように頻繁に行き来して進化・変化を創出する。グローバル展開の中で巨大なマザー開発、マザー工場の役割を担うわけである。

③ 2つの「ション」の同時並行

2つの「ション」とは、イノベーションとオペレーションのことである。

「ヲ」族企業では、既存事業の革新や新事業開発といったイノベーションは外部の、すでにある程度出来上がったものを導入して進められてきた。従って、社内では既存事業のオペレーションに100％エネルギーを注ぎ込めばよかった。

これに対して、内部主導でのイノベーションを志向する「ニ」族企業では、今日の糧を稼ぐオペレーションに加えて、明日の糧を確保するための大小のイノベーションの2つを同時並行的に進めてきた経緯がある。しかし、昨今、オペレーションを優先する「ヲ」族型経営に傾斜するあまり、「ニ」族企業の社内からのイノベーションが滞ってしまっている。創意工夫を含めた大小のイノベーションに不可欠な社内の〝場〟や事業コンセプトづくりのサークルも消えてしまっている。イノベーションを製品・技術開発をする研究開発部隊だけの役割であるかのように誤解している。

「ニ」族企業の本来の姿は、どの事業部門、部署においても日常業務としての**オペレーションと明日の糧のための大小の創意工夫を含めたイノベーションの両方を同時並行的に進める**ものである。「ヲ」族企業を真似たオペレーションへの過度の傾斜ではなく、社内イノベーションとのバランスのとれたマネジメントを今すぐとりもどさなければならない。オペレーションだけでは「ヲ」族にかなわないのだから。

④ 2つの新規事業開発の推進

進化・変化が生命線である「ニ」族企業にあっては、新規事業開発の戦略的マネジメントをさらに磨く必要がある。具体的には、2種類の新規事業開発を推進しなければならない。一つは、企業の事業構造を変えるための**規模の大きな異質事業カルチャーの新規事業**である。もうひとつは、それぞれの事業部門が自分達の人材と能力で自律的に発展、拡大するための**同質事業カルチャーの新規事業**である。前者は企業の存続のため、後者は事業部がリストラの憂き目に遭わないための新規事業である。

事業構造を変えるための新規事業は本社の事業開発部が主導して進める。異質な事業カルチャーの事業のため、社内の人材や事業ノウハウの使える部分は極めて小さい。そのために、主に外部の企業との合弁会社、企業買収などの手段をつかって、事業をプロデュースすることになる。

これに対して、事業部門の自律的成長のための新規事業は、事業部門が主導して進める。同質な事業カルチャーの新規事業であるため、事業部に蓄積されたノウハウや豊富な人材を活用して進めることができる。

この2つの全く異なる目的と、異なる事業カルチャーを持つ新規事業開発を明確に区分し、それらを適切にマネジメントしなければならない。異質事業カルチャーの新規事業は**マイナー合弁特区**で、同質事業カルチャーの新規事業開発は**ポール・ポジション・システム**で推進するのも新規事業開発を加速する良い方法である。

⑤　2つのジャパン・インサイド

2つのインサイド化とは**ハードやソフトのインサイド化と資本のインサイド化**である。

インテル・インサイドという言葉を日本では「インテル・入ってる」と訳して宣伝していた。どのパソコンにもインテル社のプロセッサーが入っているという意味である。これをみた「ニ」族企業の多くが、自分達のビジネスのあるべき姿として、○○インサイドを社内で掲げていた。「ニ」族企業は素材、部品、コンポーネント、装置、ユニットなどで世界に存在感を持っている。装置やユニットはシステムのインサイド製品であり、部品やコンポーネントも同様にインサイド製品である。これまでも、そしてネクスト・ステージにおいても「二」族企業はインサイド製品で存在感を維持・拡大していくであろう。

これとは別の、「二」族企業が実施すべき重要なインサイド化がもう一つある。**資本のインサイド化**である。買収やマジョリティをとる合弁会社設立で相手を牛耳るのではなく、「ヲ」族企業へ小さく資本参加したり、「ヲ」族企業とのマイナーな出資での合弁会社設立である。

「二」族企業はその特異な事業カルチャーのためか、自前主義と出資比率51％にこだわる自社主導主義に偏重しすぎてきた。これでは、「ヲ」族企業の世界に食い込めない。すでにグローバルでの戦いでは限界を感じている「二」族企業も多い。

そこで、**マイナー出資**であり、**マイナー合弁**である。グローバル展開や新規事業展開において「**ヲ」族企業をうまく活用する事業形態**である。はじめから異質の事業カルチャーの事業を全部背負ってマネジメントできるわけがない。まずは、マイナーな資本を入れて、相手に主導権をとらせ、その間に一生懸命勉強し、吸収する必要がある。表には出ず、インサイドで地味だけれどリスクの少ない、実をとった堅実な事業展開を進めるのである。自前主義や主導権主義から脱却して、海外企業を活用する術を学び、その術を獲得し、実行するのである。

製品のインサイド化と資本のインサイド化は「二」族企業にとって**グローバル展開と新規事業展開において重要な両輪の戦略**である。

⑥ 2つの門の再構築

2つの門とは「二」族企業をお城とみたてた、**大手門（正門）と「からめて門」（裏門）**のことである。先進「ヲ」族企業に向かって開いているのが大手門である。「二」族企業は長い歴史の中で先進「ヲ」族企業を追いかける立場であったため立派な大手門を築いてきた。一方、「からめて門」は後発の新興国の「ヲ」族企業に向かって開いている。この「からめて門」の守りは全くお粗末である。経済成長を遂げ、有史以来はじめて追いかける側から追われる側になったのであるから無理からぬことでもある。あっという間に韓国、中国、台湾の新興「ヲ」族企業に攻め込まれてしまった。油断があった。

ネクスト・ステージに向けては、大手門の前に立ちはだかる大規模システムに強い先進「ヲ」族企業や、ブランド構築に優れた先進「ヲ」族企業との有利な関係づくりにむけて、従来とは異なる大手門を構築しなければならない。単に追いかけるのではなく、相手に深く入り込んで彼らにとって欠くことのできない存在となることができるような門である。

また、あまりにもお粗末な「からめて門」を強靭化しなくてはならない。新興「ヲ」族企業に買収されることなく、まだ「ニ」族企業に優位性が残っている早い段階でタイミングをみて、彼らと合弁あるいは資本参加によって**新たなビジネスモデルでの再スタート**を切らなければならない。この辺については戦後日本企業の追撃を受けながらも、強さを維持している**欧州の「ヲ」族企業のやりかたを再勉強することも必要**なのである。

⑦ 2つの意思決定ツールを持つ

2つの意思決定ツールとはハード・システム型とソフト・システム型の方法論である。前者は「ヲ」族企業が得意な科学的な分析を先行させるやり方である。はじめに明確な目標が設定されているような問題状況の場合に力を発揮する方法論でもある。「ヲ」族企業の意思決定や戦略策定はハード・システム型で進められる。「ニ」族企業においても、このやり方で戦略作りを試みるのだが、残念ながらその結果は形骸化することが多い。「ニ」族企業の多くは最初の事業目標設定が曖昧であったり、事業や製品が拡散しているために分析が容易でないためである。

このような「ニ」族企業の戦略作りに適しているのは後者のソフト・システム型である。当事者の思いや、属人性を大きく許容して、目標が必ずしも明確でない状況の中から仮説をつくっては検証し、また仮説をつくって検証するというやり方で戦略を組み立てていく。**仮説検証の議論を50時間くらいとことん続ける方法論**でもある。トップダウンでなく、ミドルが大きな役割を果たしている「ニ」族企業にあっては、このやり方で出来上がった戦略のほうが納得性が高く、その後の実践行動に勢いが出る。

「ニ」族企業は2つの意思決定方法論を使いわけなければならない。事業戦略策定のように多くの問題が複雑に絡み合っていて、かつ目標設定自体が問題であるような状況ではソフト・システム型の方法論を使う。一方、目標が明確で因果関係がはっきりしており分析が可能な問題状況であればハード・システム型を使えばよい。物流拠点の決定などである。「ニ」族企業に適したソフト・システム型を使いこなすことで、分析一辺倒の「ヲ」族企業と世界で互角に戦うことができるのである。

著者……水島温夫（みずしま・あつお）

フィフティ・アワーズ代表取締役。製造業からサービス業に至る幅広い業界にわたり事業コンサルティング活動を展開。事業戦略及び新規事業開発に関する150社を超えるプロジェクト実績を有する。35年に及ぶコンサルティングの積み重ねの中から、日本企業の特性にもとづく独自の手法を開拓。

慶應義塾大学機械工学修士、スタンフォード大学化学工学修士およびスタンフォード大学シビルエンジニアリング修士。（株）IHIプラント・エンジニアリング事業部を経て、三菱総合研究所国際コンサルティング部長、経営コンサルティング事業センター長、（ドイツ）MRI-SP社副社長、等歴任。

主な著書に、『50時間で会社を変える』（日本実業出版社）、『技術者力の高め方』、『組織力の高め方』（以上PHP研究所）、『50時間の部長塾』（生産性出版）、『中期経営計画がつまらん！』ほか「つまらん！」シリーズ（言視舎）。

問い合わせは　mizushima@50hrs.co.jp まで。

装丁………山田英春
DTP制作、イラスト………REN
編集協力………田中はるか

「ニ」族と「ヲ」族で、世界がわかる！
日本企業が世界で逆襲するための事業戦略

発行日❖2016年7月31日　初版第1刷

著者
水島温夫

発行者
杉山尚次

発行所
株式会社言視舎
東京都千代田区富士見2-2-2 〒102-0071
電話03-3234-5997　FAX 03-3234-5957
http://www. s-pn. jp/

印刷・製本
(株)厚徳社

ISBN978-4-86565-059-4 C0034

わが社の「つまらん！」を変える本①

中期経営計画が「つまらん！」

戦略的な“動き”はどこに消えた？

水島温夫 著

978-4-905369-72-1

わが社の中期経営計画はつまらん！勝てる気がしない！ではどうする？進化・変化のスピードで世界の競合に勝つ！そのためには、ビジネスモデルなどの“形”ではなく“動き”のメンジメントを簡略化することが必要だ。この本が“動き”を中軸にした「中計」づくりを教えます。経営企画部必読！

四六判並製　定価 933 円＋税

わが社の「つまらん！」を変える本②

社内研修が「つまらん！」

“集団力”はどこへ消えた？

水島温夫 著

978-4-905369-84-4

個人を強化するだけでは企業は強くならない。この本が「集団力」を育成する社内研修の方法を教えます。「集団力で世界に勝つ」「四つの集団力を高める」「事業の増収増益に直結させる」ほか、人材開発部必読！

四六判並製　定価 1000 円＋税

わが社の「つまらん！」を変える本③

B2B営業が「つまらん！」

勝ちパターンの行動モデルはこれだ

水島温夫 著

978-4-86565-000-6

「売る力」「儲ける力」が衰退している！新しいビジネスモデルが必要だ！ではどうする？キーワードは、アクティブ・ソリューションとリベニュー・マネジメント。でも、これだけでは足りない。ビジネスモデル＋行動モデルのセットではじめて勝ちパターンになる！「売る力」「儲ける力」を組織に浸透させるノウハウを凝縮。

四六判並製　定価 1000 円＋税

わが社の「つまらん！」を変える本④

新事業開発が「つまらん！」

4つの壁を突破する戦略はこれだ！

水島温夫 著

978-4-86565-017-4

なぜ、新事業開発は後回しになってしまうのか？　実現を阻む「情報・知識の壁」「事業カルチャーの壁」「自前主義の壁」「意識・自覚の壁」とは何か？　画期的な提案「海外企業とマイナー合弁」！　イラストと図でわかりやすく解説。

四六並製　定価 1000 円＋税

75歳まで働き愉しむ方法

「自分ロードマップ」で未来がみえてくる

出川通 著

978-4-86565-013-6

年金危機時代のシンプルかつ現実的なソリューション＝75歳まで働くこと。それはどうすれば可能か、どういう準備が必要か、収入面もきちんと解説。高収入モデルからぎりぎりモデルまでを提案。サラリーマンは必ず組織を「卒業」します。「卒業」を前提にした戦略を提案。その実現にはロードマップが役立ちます。

A5判並製　定価 1300 円＋税

イノベーションのための理科少年シリーズ①

理系人生
自己実現ロードマップ読本

改訂版「理科少年」が仕事を変える、会社を救う

出川通 著

978-4-905369-43-1

「専門家」「技術者」というだけでは食べていけない時代…仕事と組織をイノベートするには「理科少年」の発想が最も有効。生きた発想とはどういったものなのか？理系エンジニアに限らず、どの分野でも使える知恵とノウハウ満載！

四六判並製　定価 1600 円＋税